Sicher ist sicher. Bei aller Sorgfalt, die wir in der Recherche haben walten lassen, können sich Öffnungszeiten auch einmal kurzfristig ändern, oder ein Lokal ist gerade an Ihrem perfekten Berlin Wochenende ausgebucht oder geschlossen. Darum empfehlen wir grundsätzlich möglichst weit im Voraus zu reservieren. Ein kurzer Anruf genügt und Sie können sicher sein zur vereinbarten Zeit einen Platz zu finden.

für die Süddeutsche Zeitung Edition 2007
in Kooperation mit smart-travelling GbR, Berlin
Reihe „Ein perfektes Wochenende in ...“

Idee und Konzept: Nicola Bramigk, Nancy Bachmann
Texte: Nicola Bramigk Fotos: Katharina Gossow, Die Photodesigner

Umschlaggestaltung: Verena Bettin, e27, Eberhard Wolf
Art Direktion: Verena Bettin, e27, Judith Homoki Illustration: Verena Bettin

Redaktion: Nicola Bramigk, Nancy Bachmann

Projektleitung: Dirk Rumberg; Produkt Manager: Gabriella Hoffmann

Produktion: JournalMedia GmbH, München
Herstellung: H. Weixler, T. Neseker
Druck und Bindung: Holzhausen Druck & Medien GmbH, Wien

Printed in Austria
2. aktualisierte Auflage, 2008

ISBN: 978-3-86615-422-3

SMART
TRAVELLING

EIN PERFEKTES WOCHENENDE IN ...
BERLIN

www.smart-travelling.net

LIEBLINGSADRESSEN IN BERLIN

Hotel: Savoy Berlin
Fasanenstraße 9–10, Charlottenburg
Tel: 0049 (0)30 311030
Seite 8

Hotel: Lux Eleven
Rosa-Luxemburg-Straße 9–13, Mitte
Tel: 0049 (0)30 9362800
Seite 16

Restaurant: Borchardt
Französische Straße 47, Mitte
Tel: 0049 (0)30 81886262
Seite 22

Restaurant: Hasir
Adalbertstraße 10, Kreuzberg
Tel: 0049 (0)30 6142373
Seite 32

Restaurant: Henne
Leuschnerdamm 25, Kreuzberg
Tel: 0049 (0)30 6147730
Seite 42

Restaurant: Weinstein
Lychener Straße 33, Prenzlauer Berg
Tel: 0049 (0)30 4411842
Seite 50

☞ Weitere Adressen finden Sie unter www.smart-travelling.net

Café: Einstein
Kurfürstenstraße 58, Tiergarten
Tel: 0049 (0)30 2615096
Seite 54

Café: Barcomi's
Sophienstraße 21, Mitte
Tel: 0049 (0)30 28598363
Seite 64

Bar: Clärchens Ballhaus
Auguststraße 24, Mitte
Tel: 0049 (0)30 2829295
Seite 68

Bar: Victoria Bar
Potsdamer Straße 102, Tiergarten
Tel: 0049 (0)30 25759977
Seite 76

Shop: Smart Travelling Store
Münzstraße 21, 1. Hinterhof, Mitte
Tel: 0049 (0)30 28093699
Seite 82

Gut zu wissen
Tipps, Ausflüge, Spaziergänge
Seite 89

SMART
TRAVELLING
Bürste
"Brandenburger Tor"
(Blindenanstalt Berlin)
13,80 €

MITTENMANG

Berlin zieht. Es ist der Mythos vom kreativen Chaos, der schon immer viele Intellektuelle, Wissenschaftler und Künstler in die Stadt gezogen hat. Das macht Berlin so herrlich bunt. Wer auffallen möchte, sollte sich wirklich etwas einfallen lassen. Oder aber adrett gekleidet sein, denn das wiederum traut sich hier niemand. Wahrscheinlich haben die Berliner den Spruch des alten Preußenkönigs schon immer gerne zu ihrem Lebensmotto gemacht, dass jeder nach seiner Façon selig werden soll. Lassen Sie sich davon anstecken, denn das Schöne ist: Hier ist alles möglich.

Die Stadt Berlin sollte man gar nicht erst suchen, denn Berlin setzt sich aus vielen Städten und Dörfern zusammen. Dennoch werden alle zugeben, dass die wichtigsten Sehenswürdigkeiten und interessantesten locations sich im Bezirk Mitte befinden, dem ehemaligen Osten. Aber auch Charlottenburg, einst Schaufenster des Westens, dann im Dämmerschlaf versunken, wird von einer arrivierteren Bohème geliebt. Dazwischen jede Menge Oasen für junge Künstler, Designer, Tüftler oder Werbeleute in den Lofts und Hinterhöfen von Kreuzberg, Friedrichshain oder Prenzlauer Berg.

Berlin quillt vor Angeboten über, jetzt heißt es nur sich seiner Leidenschaft hinzugeben. Stromern Sie durch Galerien und Museen, ziehen Sie von Bar zu Bar, gehen Sie mittags frühstücken und tanken neue Energie im Tiergarten inmitten von grillenden türkischen Großfamilien.

S

SAVOY BERLIN

Kaum ein anderes Hotel in Berlin ist so oft in Romanen, in Filmen oder in Briefen berühmter Persönlichkeiten erwähnt worden. Es war das Lieblingshotel zahlreicher Stars. Romy Schneider, die im Savoy Stammgast war, fühlte sich hier wie zu Hause und wollte in keinem anderen Hotel wohnen. Es ist ein Ort voller Geschichten, die noch heute in den Räumen spürbar sind.
Die Times Bar im Haus ist ein beliebter Treffpunkt für den Absacker nach dem Filmabend im Delphi, dem ebenso traditionellen Filmpalast gleich gegenüber. Beim Frühstück im Restaurant Weinrot beginnt der Tag stilvoll und entspannt. Stundenlang könnte man hier bei viel Licht und mit dem Blick auf die erwachende Straße von allem etwas probieren und dabei in Ruhe die Zeitung lesen. Nur die Zimmer könnten im Detail harmonischer sein, sie wirken trotz Renovierung eher konventionell. Eine kleine Enttäuschung, besonders weil 1929 der Architekt Heinrich Straumer, Erbauer des Berliner Funkturms, in den Zimmern höchsten Ansprüchen gerecht wurde. Das Savoy hatte damals als eines der ersten Hotels in jedem Zimmer ein eigenes Bad und punktete mit technischen Details wie einem elektrischen Zimmermädchenruf am Bett. Doch was sind schon ein paar Meter wildgemusterte Teppiche, wenn man sich sonst wie eine Filmlegende fühlen darf.

Savoy Berlin Adresse: Fasanenstraße 9–10, Berlin – Charlottenburg
Tel: 0049 (0)30 311030 Email: info@hotel-savoy.com
Internet: www.hotel-savoy.com Preise: ab 119 Euro inkl. Frühstück

☞ Restaurants in der Umgebung

In der Nachbarschaft des Savoy finden sich einige gastronomische Highlights. Bekannteste Adresse ist die Paris Bar, für die Sie vorher von der Rezeption einen Platz reservieren lassen sollten. Genießen Sie mittags ein Entrecôte oder einen Salat Niçoise, dazu ein Glas Weißwein. Es ist eines der schönsten Restaurants in Berlin und mehr Paris als Paris selbst, besonders wenn man Gelebtes mit viel Patina liebt. Wenn Sie spontan einen Tisch suchen, versuchen Sie es lieber in der Bar nebenan. Die moderne Schwester ist erst später hinzugekommen und nicht ganz so von Stammgästen und Promis in Beschlag genommen. Nebenan ist das Ottenthal, einer der Orte in Berlin, um ein richtig gutes Wiener Schnitzel zu essen. Im Kuchi, hinter dem Savignyplatz gelegen, können Sie im modern-schlichten Ambiente dampfende Nudelsuppen und Sushi (unbedingt probieren: *My best friends roll!*) genießen. Wer mit junggebliebenen *Forty-Somethings* etwas trinken möchte oder zu später Stunde Heißhunger auf Würstchen mit Sauerkraut bekommt, geht ins Florian. Ein Klassiker mit immer guter Stimmung und Gästen, die das Lachen nicht verlernt haben.

Paris Bar, Kantstraße 152, Charlottenburg
Tel: 0049 (0)30 3138052, täglich 12.00 – 2.00 Uhr

Ottenthal, Kantstraße 153, Charlottenburg
Tel: 0049 (0)30 3133162, täglich von 18.00 – 1.00 Uhr

Kuchi, Kantstraße 30, Charlottenburg
Tel: 0049 (0)30 31507815, täglich 12.00 – 24.00 Uhr

Florian, Grolmanstraße 52, Charlottenburg
Tel: 0049 (0)30 3139184, täglich 18.00 – 3.00 Uhr

☞ Mal ohne Kinder

Wie schön wäre es, abends mal ohne Kinder auszugehen! Diesen Wunsch können Sie sich im Savoy leicht erfüllen. Es gibt dort einen Babysitter auf Anfrage. Gute Restaurants und das Delphi-Kino liegen in unmittelbarer Nähe, so ist man schnell zurück, wenn es mal brenzlig wird.

☞ Das Restaurant Weinrot

Hotelrestaurants können, besonders für die Einheimischen, etwas sehr Anonymes haben. Im Weinrot sind solche Befürchtungen ganz fehl am Platz. Das Restaurant im Savoy Berlin wird auch liebend gerne von Berlinern frequentiert, weil die Küche anspruchsvoll und dennoch günstig ist. Zum Teil wurde es in den Originalzustand zurückversetzt, neue Details wurden liebevoll hinzugefügt. Die Küche ist regional geprägt mit einer ansprechenden Karte, auf der Rindermedaillons mit Meerrettichkruste an Portweinschalotten und Frühlingsgemüse mit Kartoffeltarte zu den Klassikern gehören.

Lux★11

LUX ELEVEN

Wer hier eincheckt, sollte schon vorher wissen, dass das Lux Eleven kein Hotel mit großer Lobby ist, sondern ein Haus mit Luxusapartments. Das klingt nach Businessmen mit Laptop-Taschen. Doch das Konzept hat eine neue Generation im Blick, für die das Ambiente und die Ausstattung zum fairen Preis mehr zählen als eine rund um die Uhr besetzte Rezeption. Ein Konzept, mit denen einige Billigfluglinien schon große Erfolge feiern. Kostenintensive Dienstleistungen sind ausgelagert, weder Frühstück noch Spa sind im Preis inbegriffen. Dennoch fehlt es an nichts. Selbst das Outfit kann man im Fashionstore Ulf Haines schnell noch „überarbeiten". Aveda hat im Erdgeschoss ein Kosmetikstudio und im Haus befindet sich das Shiro, ein asiatisches Restaurant mit Bar und Café, auf dessen herrlicher Terrasse es sich wunderbar frühstücken lässt. Das Shiro kam wie ein Ufo nach Berlin. Die offene Terrasse und den Hang zum Glamour kannte man bis dato nur aus Los Angeles. Doch ein wenig Exzentrik im Design tut der Stadt nur gut. Für die neue luxuriöse Leichtigkeit können wir Thomas Tänzer danken, der mit seinem Team nach dem Motto „Profit und Spaß" durch das Leben geht und immer hellwach von Projekt zu Projekt rast. In Berlin hat er alle bürokratischen Hürden mit einer Mischung aus Teamgeist, Härte und Effizienz genommen, die Wettbewerbern die Sprache verschlägt. Seine Chambers Group hat mehrere Hotels entwickelt, unter anderem das beliebte Hotel Cortiina in München.

Lux Eleven Adresse: Rosa-Luxemburg-Straße 9–13, Berlin – Mitte
Tel: 0049 (0)30 9362800 Email: info@lux-eleven.com
Internet: www.lux-eleven.com Preise: ab 115 Euro ohne Frühstück

borchardt

BORCHARDT

Wenn der Gendarmenmarkt als der Salon Berlins bezeichnet wird, dann muss das Borchardt die dazugehörige Küche sein, so ein Zitat. Es ist die Küche von Karl Lagerfeld, wenn er in Berlin ist, der Stammtisch der Regierung, ein Treffpunkt der Medien und der Laufsteg von Stars und Adel sowie das Lieblingsrestaurant vieler ganz normaler Berliner und Reisender. Alle fühlen sich von genau dieser Mischung aus Gästen angezogen. Das Borchardt steht für eine Bistroküche von Welt. Stammgästen finden täglich ihre Lieblingsgerichte. Prominente Klassiker wie Austern, Entrecôte mit Sauce Béarnaise, Wiener Schnitzel, Blutwurst und die Crème Brûlée von Gänsestopfleber werden nie auf der Karte fehlen. Beilagen in Form von knackigem Gemüse, Gratin oder verschiedenen Salaten können einzeln dazu kombiniert werden. Spargel oder Pfifferlinge tauchen zur passenden Jahreszeit auf der Karte auf. Immer in unzähligen Variationen, so dass alle speziellen Gelüste befriedigt werden. Dabei geht es im Borchardt nicht in erster Linie um das Essen, obwohl es, nach Höhen und Tiefen in der Vergangenheit, heute tadellos ist. Sehen und Gesehenwerden haben Vorrang sowie der Genuss, mit seinem Liebsten in einer der Nischen zu plaudern oder im Sommer mit Freunden auf der Terrasse zu sitzen und das Pulsieren der Stadt zu spüren. Eben das herrliche Gefühl ein Teil von Berlin zu sein!

Borchardt Adresse: Französische Straße 47, Berlin – Mitte
Tel: 0049 (0)30 81886262 Email: borchardt@gastart.de
Öffnungszeiten: täglich 11.30 – 2.00 Uhr
Tipp: Zu den klassischen Essenszeiten unbedingt reservieren

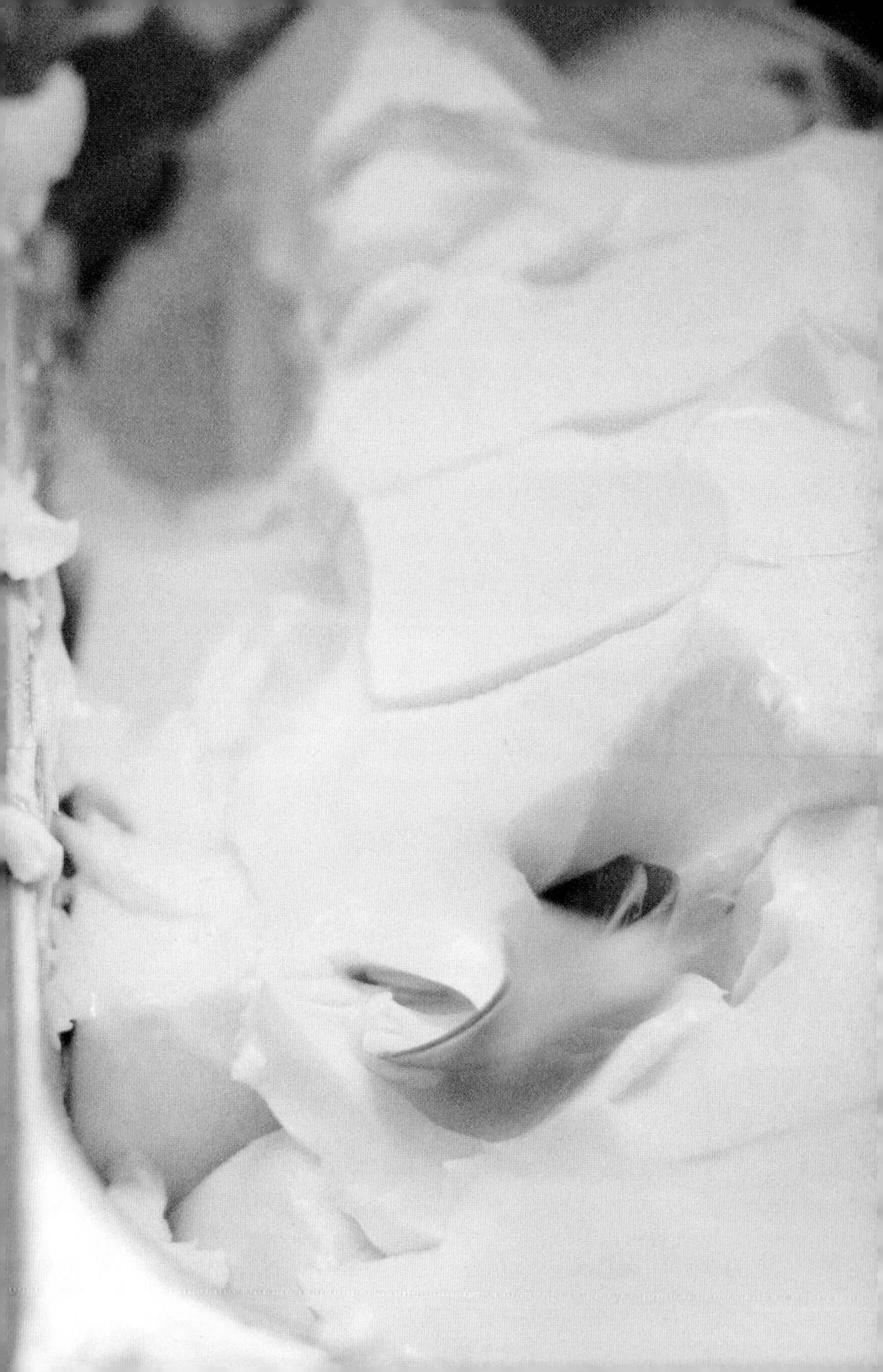

☞ Geschichte des Borchardt

1992 war es so weit: Das Borchardt stieg nach dem Mauerfall wie Phönix aus der Asche. Die Berliner waren glücklich. Ein großer Wurf. Das Borchardt ist ein Überbleibsel der längst vergangenen preußischen Vergangenheit. Es wurde 1853 von Friedrich Wilhelm Borchardt als Delikatessengeschäft mit Kolonialwaren und einer gut sortierten Weinhandlung gegründet. Zusätzlich gab es ein feines Lokal. Borchardts Geschäftsidee war es, den täglichen Bedarf eines Haushaltes zu üblichen Preisen, aber in bester Qualität und Auswahl anzubieten. Der Laden wurde liebevoll „Little Harrods" genannt. Zu DDR-Zeiten haben die Restaurants Lucullus und Gastmahl des Meeres in dem schönen Gebäude ihre Zelte aufgeschlagen. Nach dem Mauerfall, als alles im Umbruch war, stolperten Roland Mary und Marina Richter über das Gebäude. Als erfolgreiche Gastronomen, bekannt geworden durch das in einer ehemaligen Tankstelle eröffnete Shell, haben sie die Chance für Berlin gespürt und nach einem Jahr Renovierung das Borchardt eröffnet.
Das Mosaik der Weinkönigin wurde erst während der Renovierung entdeckt. Es war von einem weisen Kunstkenner zugemauert und deshalb so lange vor der Zerstörung verschont worden.

☞ Grill Royal

Es war Liebe auf den ersten Blick. Endlich ein Restaurant, das einem Borchardt oder einer Paris Bar das Wasser reichen kann. Ein Raum mit James-Bond-Flair, Sicht auf die Spree und gemütlichen Nischen aus gepolsterten Bänken. Die Karte trifft genau den Nerv moderner Stadtmenschen. Bestes Rindfleisch aus drei Regionen der Welt, wahlweise auch Fisch, alles perfekt auf den Punkt gegrillt. Saucen und Beilagen können nach Wunsch beliebig kombiniert werden.

Friedrichstraße 105b, Berlin – Mitte, Tel: 0049 (0)30 28879288
www.grillroyal.com, täglich ab 18.00 Uhr

Ph. Lemoine

Crème Brûlée von Gänsestopfleber

von Küchenchef Philippe Lemoine

Den Backofen auf 100° C vorheizen. Die Foie Gras, das Eigelb, die Sahne und die Milch in ein Gefäß geben und mit einem Stabmixer zu einem feinen Brei pürieren. Mit Salz und Pfeffer würzen und in zwei flache, feuerfeste Schalen gießen. Die Schälchen für 30 Minuten in den Ofen schieben. Auskühlen lassen und eine dünne Schicht braunen Zucker über die Crème geben. Mit dem Bunsenbrenner oder notfalls mit der stärksten Einstellung des Grills im Ofen den Zucker in eine knackige Schicht verwandeln.

Diese Vorspeise kann bestens auch am Tag vorher zubereitet werden, erst im letzten Moment wird sie dann karamellisiert. Reichen Sie dazu geröstete Brioches oder Landbrot.

4 Personen
200 g Foie Gras – am besten natürlich frisch, aus dem Glas oder als Konserve
200 g süße Sahne
200 ml Milch
4 Eigelb
Salz + Pfeffer
brauner Zucker

HASIR

Bei Hasir einen Adana Jogurt Kebab zu essen, ist wie ein Kurztrip nach Istanbul. Türkische Reisebüros, kleine türkische Bäcker, stylische Gewürzläden und Banken reihen sich auf dem Weg ins Hasir lückenlos aneinander: Das ist Kreuzberg 36, das Herz der in Berlin lebenden türkischen Community. Mittendrin eröffnete Mehmet Aygün vor mehr als 30 Jahren sein kleines Restaurant als einen der ersten Zufluchtsorte der türkischen Gastarbeiter. Er wollte die Sehnsucht der Landsleute nach der heimatlichen Küche stillen und einen Treffpunkt in der Fremde ermöglichen. Der Anfang einer Erfolgsgeschichte. Bis heute ist das Hasir zweifelsohne das beste türkische Restaurant und auch ein Stück Berliner Geschichte. Heute noch kommen täglich ältere Männer mit Schiebermützen, um ihre Linsen- oder Pansensuppe aus den authentischen Blechschalen zu löffeln. Fesche Jungs trinken süßen Tee, und ganze Familien schnattern über einer köstlich duftenden Platte mit gegrilltem Lammfleisch. Dazwischen sitzen Studenten, deutsche Geschäftsmänner und ein paar Freaks aus der Gegend, die zufrieden ihr Lieblingsgericht futtern. Es geht geschäftig zu. Verschmitzte Männer stehen am Grill und Kellner, die immer für einen Spaß zu haben sind, servieren ununterbrochen frischen Tee. Bei dem Erfolg konnte es natürlich nicht bei einem Laden bleiben. Es gibt Hasir jetzt sechsmal in der Stadt, doch keine Filiale hat die authentische Stimmung des Stammhauses – auch wenn das Essen genauso köstlich schmeckt.

Hasir Adresse: Adalbertstraße 10, Berlin – Kreuzberg
Tel: 0049 (0)30 6142373 Email: info@hasir.de Internet: www.hasir.de
Öffnungszeiten: täglich 24 Stunden

Ein Gespräch mit Mehmet Aygün

Erfinder des Kebabs

Von wo aus der Türkei kommen Sie?

Wir sind sechs Brüder und kommen aus Giresun am Schwarzen Meer.

Ist die ganze Familie in Berlin?

Nein, meine Mutter lebt noch in der Türkei, aber sie reist viel durch die Welt. Wenn sie anruft, lassen wir alles stehen und liegen. Sie ist die wirkliche Autorität im Hintergrund.

Kochen Sie Gerichte aus Ihrer Region?

Nein, die Gerichte kommen aus keiner bestimmten Region. Es wird quer durch die Türkei gekocht, einige Sachen kommen zum Beispiel aus Anatolien.

Was ist Ihr Erfolgsrezept?

Wir haben in jedem Restaurant die gleiche Qualität. Es gibt einen Spezialisten für jedes Handwerk. Einer macht das Fleisch, einer bäckt das Brot für alle Filialen. Es wird nichts am nächsten Tag verkauft, sondern alles täglich frisch zubereitet.

Was vermissen Sie an der Türkei?

Die Freundlichkeit der Menschen ist dort größer als hier. Auch wenn es den Menschen nicht so gut geht, geben sie trotzdem das letzte Hemd. Ihre Gastfreundschaft geht so weit, dass sie auch einen unbekannten Menschen einladen würden.

Was ist das Erste, was Sie machen, wenn Sie in die Türkei fahren?

Tee trinken und Freunde besuchen, wenn man sich lange Zeit nicht gesehen hat.

☞ Aygün, der Erfinder des Kebabs

Warum steht Mehmet Aygün eigentlich noch in keinem Brockhaus? Da müsste stehen: „Wichtige Integrationsfigur der deutsch-türkischen Beziehungen in Berlin und Erfinder des Kebabs." Weil manche Gäste es immer eiliger hatten, kam ihm mit 16 Jahren im Laden seines Onkels die Idee, das warme Fladenbrot aufzuschneiden und mit dem gegrillten Lammfleisch, dem Salat und einem speziellen Gewürz zu füllen. Das gab es in der Türkei nicht, da man sich dort zum Döner – übersetzt Drehbratenspieß – hinsetzte. Der Siegeszug nahm bekanntlich seinen Lauf und heute essen auch die Türken in ihrer Heimat den *Kebab to go*, da auch dort das Leben immer schneller wird. Der Kebab nach der Berliner Rezeptur wird sogar in die Türkei geliefert. Leider ist die Qualität vieler Imbissbuden nicht mit der von Hasir zu vergleichen. Viele verwenden kein aufeinandergeschichtetes, mariniertes Lammfleisch, sondern eine Art Press-Hackfleisch, wo alles Mögliche untergemischt sein kann. Die Marinade ist das Geheimnis, sie wird von jedem Koch unterschiedlich zubereitet. Das Fleisch liegt bis zu 20 Stunden darin. Nach der Marinade werden die Scheiben Fleisch aufeinandergeschichtet und auf einen Spieß gesteckt, der sich vor einer Grillwand dreht.

Adana Kebab

Das gehackte Lammfleisch mit allen genannten Zutaten vermischen und locker um einen Stab herum kneten, so dass ein flacher, 20 cm hoher Spieß entsteht. Die Masse am Spieß leicht riffeln, damit sich eine wellige Struktur ergibt. Für ein paar Minuten auf den Grill legen. Notfalls kann man das Ganze auch in der Pfanne braten. Wichtig ist dabei, dass die Fladen flacher sind, nicht so hoch wie ein Bratling.

Die Zutaten für die Tomatensauce in einem Topf anwärmen und vermischen. Zum Schluss bei Bedarf etwas Mondamin hinzufügen.

Im Ofen gegrilltes oder in der Pfanne geröstetes, hochwertiges Fladenbrot auf zwei Teller verteilen. Den Jogurt über das Brot geben und die gegrillten Spieße auf das Ganze legen. Zum Schluss noch die Tomatensauce über den Spießen verteilen. Wer mag, gibt noch eine milde, gegrillte Peperoni dazu.

Für das Fleisch:
300 g Lammfleisch von der Keule oder dem Schenkel als Hackfleisch durch den Fleischwolf drehen lassen
1 TL Edelsüßpaprika, gemahlen
2 rote süße Peperoni, fein gehackt
Salz, Pfeffer
etwas Petersilie

Für die Tomatensoße:
1 kleine Dose Tomatenmark
Salz, Pfeffer
1 Peperoni
1 Prise Mondamin zum Binden (muss nicht sein)
1 EL Olivenöl

Fladenbrot, im Ofen geröstet und gewürfelt

200 g Jogurt, 3,5%

Toiletten
Pfalz 3,50 €

HENNE

Det janze Baliner Jefühl. Was dem Londoner sein Pub, ist dem Berliner die Kneipe. Nur, in die Kneipen geht nicht jeder, da bleibt der Prolet unter sich. Da mischt sich leider gar nichts. Doch in der Henne war das immer anders. Es ist eine der wenigen Kneipen, wo alle zusammenkommen, um ein halbes Milchmasthähnchen zu essen und ein Bier zu trinken. Dazu gibt es einen Kraut- oder Kartoffelsalat.

Als Alternative ein paar Würstchen oder *Buletten* (flache Fleischbällchen). *Dit war's – mehr jibs' nich'*. Dieses köstliche, knusprige, goldgelb gebackene Huhn – schon Generationen rätseln: Gebacken und dann frittiert, nein andersherum, oder doch nur gebacken, aber mit etwas ganz Speziellem eingerieben? Es bleibt ein Geheimnis. Vor dem Mauerfall standen regelmäßig Schlangen vor der Tür. Es konnte passieren, dass vom Parken bis zum Reinbeißen eine Stunde verging. Nachdem man endlich einen Platz an einem Tisch erwischt hatte, ließ das Huhn noch auf sich warten, weil es in 20-minütigen Schüben aus der Küche im Keller kommt. Was definitiv für das Braten am Spieß spricht. Der vorher servierte Krautsalat hat aus Frust und Hunger das Huhn nie erblickt. Heute, nach dem Mauerfall, ist es entspannter. Die Scharen hungriger Studenten haben sich auf die neuen Bezirke verteilt, und man kann recht stressfrei sein Huhn genießen. Fast fehlt da was ...

Henne Adresse: Leuschnerdamm 25, Berlin – Kreuzberg
Tel: 0049 (0)30 6147730 Internet: www.henne-berlin.de
Öffnungszeiten: Dienstag – Sonntag 19.00 – 24.00 Uhr, Montag geschlossen

Ein Gespräch mit Angela Leistner

Besitzerin der Henne

Henne oder Hühner – was kam zuerst?

Das Rezept wurde 1968 in einer Tageszeitung von Rosi Liftin, der damaligen Wirtin, entdeckt. Es war zu einer Zeit, als die Gäste in der Kneipe nicht nur trinken wollten, sondern sich auch etwas zu essen wünschten. So kam das Huhn zur Henne. Damals war es noch das Alt Berliner Wirtshaus Liftin, erst später wurde es in das Alt Berliner Wirtshaus Henne umgetauft.

Warum eigentlich Milchmasthähnchen?

Die Hähnchen kommen aus Dänemark und werden hauptsächlich mit Milchpulver gefüttert.

Verraten Sie uns, wie die Hühner zubereitet werden?

Nein, das bleibt ein Geheimnis.

Was hat sich seit dem Mauerfall für die Henne geändert?

Zwischen der Henne und der Mauer waren 10 m, sie verlief direkt hinter der Bordsteinkante lang. Den Biergarten gab es zu der Zeit nicht. Das war schon ein komisches Gefühl, plötzlich alles so frei.

Gibt es eine kleine Anekdote?

Gleich nach dem Mauerfall kam ein Mann, der Peter, vorbei. Er erzählte, dass er direkt gegenüber auf der Ostseite gelebt hat und sich immer wunderte, warum in den Fenstern so bunte Lichter zu sehen sind. Plötzlich stand er da und freute sich eine Antwort zu finden. Das war rührend. Man lebte so dicht und doch so fern.

Wie kamen Sie zur Henne?

Ich habe schon lange für die Henne gekellnert und den Job immer gerne gemacht. Als 1991 ein Wechsel anstand, hat man mich gefragt.

WEINSTEIN

WEINSTEIN

Die deutsche Küche ist besser als ihr Ruf. Das gilt auch für deutsche Weine. Trotz gelegentlicher Lobeshymnen der Presse lässt sich die schwersüße Vergangenheit nicht leicht abschütteln. Roy Metzdorn, Besitzer vom Weinstein, lässt jedoch nichts auf die deutschen Tropfen kommen. Seit dem Mauerfall forscht er nach interessanten deutschen Weingütern. Erfrischend locker und gemütlich steht das Weinstein trotzig zwischen den vielen Lifestyle-Restaurants und Szene-Bars am Helmholzplatz. Wer einen Platz an einem der Holztische zwischen den Weinfässern, Korken, Flaschen und den Stammgästen vom Prenzlauer Berg gefunden hat, kann sich voll und ganz in die Hände von Roy begeben. Denn zu den Weinen gesellt sich auch eine anspruchsvolle deutsche Küche aus den besten Zutaten, die das Umland zu bieten hat: Maränen frisch aus dem Stechlinsee, die berühmte Karolinenhöfer-Sau und herrlicher Käse vom Biohof. Dazu gibt es täglich zwei verschiedene 4-Gang-Weinmenüs mit passenden Weinempfehlungen. Die Preise sind mehr als fair, doch Roy Metzdorf weiß, dass er im Prenzlauer Berg nicht mehr verlangen kann. Nach der Brandenburger Gaumenreise besteht die Möglichkeit, den neu entdeckten Lieblingswein gleich mit nach Hause zu nehmen. Wir empfehlen beispielsweise den Schneider Ursprung aus der Pfalz. Eine rote Cuvée mit vollem Geschmack für unter 10 Euro. Für die Weine, die am Tisch getrunken werden, wird ein einheitliches Korkgeld verlangt, deshalb bietet es sich im Weinstein an, auch mal teure Weine zu probieren.

Weinstein Adresse: Lychener Straße 33, Berlin – Prenzlauer Berg
Tel: 0049 (0)30 4411842 Email: weinstein@weinstein.eu Internet: www.weinstein.eu
Öffnungszeiten: Montag – Samstag 17.00 – 2.00 Uhr, Sonntag ab 18.00 Uhr

EINSTEIN

CAFÉ EINSTEIN

Treffen wir uns im Einstein zum Frühstück? Ob Eier im Glas, Rührei mit Spinat oder frische Semmeln mit Marillenmarmelade, dazu eine Melange aus Bohnen der eigenen Kaffeerösterei. Alles ist genau so, wie wir es lieben. Ab mittags bietet sich ein leichter Backhendl-Salat an, um gleich danach zum Kaiserschmarrn überzugehen und mit einem Kaffee zu enden. Endloses Frühstücken ist bis in den Nachmittag hinein möglich, wenn andere schon am Nebentisch zu Mittag essen – ganz die Berliner Art mit Wiener Einschlag. Ende der 70er Jahre eröffnete das Einstein mit der Idee eines Kaffeehauses nach Wiener Vorbild. Die feudale Villa mit den hohen Räumen, der Grandezza eines Schlosses und dem wunderschönen Garten bot sich perfekt dafür an. Das Einstein gehört zur Geschichte des Berliner Westens wie kein anderes Café der Stadt, und trotz der Turbulenzen der jüngeren Zeit und Veränderungen hinter den Kulissen hat sich für den Gast im Stammhaus in der Kurfürstenstraße wenig verändert: knarzendes Parkett unter den Schritten ernster, schwarz-weiß gekleideter Kellner, viele lang vertraute Gesichter beim Personal, der köstliche Apfelstrudel als Blickfang auf einem Teewagen am Eingang und die Luft immer noch reichlich verraucht. Selbst das Publikum bleibt sich treu, ein Mix aus Intellektuellen, Machern und Bohème. Wer mittags oder abends feiner essen möchte, sollte in der holzvertäfelten Bibliothek mit den gedeckten Tischen reservieren.

Café Einstein Adresse: Kurfürstenstraße 58, Berlin – Tiergarten
Tel: 0049 (0)30 2615096 Email: contact@cafeeinstein.com
Internet: www.cafeeinstein.com Öffnungszeiten: täglich 9.00 – 1.00 Uhr

Ein Gespräch mit Philipp Hasse-Pratje

Besitzer des Einsteins

Wie kamen Sie dazu das Einstein zu übernehmen?

Es war reiner Zufall. Herr Miessen, der damalige Geschäftsführer vom Einstein, wohnte bei mir im Haus.

In welchem Zustand haben Sie das Einstein übernommen?

Die Vorbesitzer haben schlecht gewirtschaftet. Die neu eröffneten Coffeeshops haben zu viel Geld verschlungen und man hat sich zu viel aus der Kasse genommen.

Sind jetzt alle Unternehmungen getrennt?

Ja, das Einstein Unter den Linden und die Coffeeshops haben jeweils andere Besitzer und mir gehört das Stammhaus.

Möchten Sie die Dinge so belassen oder gibt es Zukunftspläne für das Einstein?

Die Crew haben wir größtenteils übernommen, und im Café blieb alles beim Alten. Der Karte haben wir einen besonderen Champagner und ein paar wechselnde Tagesgerichte hinzugefügt. Wir haben die Räume oben mit übernommen und werden sie für Events und Veranstaltungen anbieten.

Hatten Sie vorher schon mit Gastronomie zu tun?

Nein, gar nicht. Ich komme aus der betriebswirtschaftlichen Welt und habe mich vorher mit Immobilien beschäftigt. Doch die neue Aufgabe macht mir Spaß.

Für welche Spezialitäten ist das Einstein berühmt?

Für den Kaiserschmarrn, den Tafelspitz und das Wiener Schnitzel.

☞ Geschichte

In der 1878 für den Fabrikanten Gustav Rossmann erbauten Villa im Stil der italienischen Renaissance lebte später Henny Porten. Sie war eine der ersten großen deutschen Stars der Stummfilmzeit, drehte später u.a. mit Ernst Lubitsch und wurde zur NS-Zeit boykottiert, nachdem sie sich nicht von ihrem jüdischen Mann trennen wollte. Ein großer Tresor zeugt heute noch von der bewegten Vergangenheit des Hauses, wo vor dem Krieg ein geheimes Spielcasino betrieben wurde. Ursula und Walter Bachauer aus Graz und der Wiener Wilhelm Andraschko brachten die Berliner ab 1978 hier auf den richtigen Kaffeehaus-Geschmack. Im Obergeschoss der Villa residierte derweil der Deutsche Akademische Austauschdienst. Andraschko wagte 1996 den Sprung nach Osten und eröffnete das Einstein Unter den Linden. Weniger Glück hatte er mit den ab 1999 eröffneten Coffeeshops. Das Unternehmen ging pleite und 2003 übernahm Philipp Hasse-Pratje das Einstein-Stammhaus in der Kurfürstenstraße. Übrigens: Einstein selbst ist nie in der Villa gewesen.

☞ Das Einstein Unter den Linden

Es macht keinen Sinn einen Vergleich zu ziehen. Das Einstein Unter den Linden hat ein modernes Interieur und ein anderes Ambiente. Die Gäste nehmen sich weniger Zeit und alle befinden sich eher auf der Durchreise. Die Ruhe des Stammhauses gibt es nicht. Dennoch trifft sich hier ein interessantes Publikum aus Kultur und Politik gerne zum Gespräch, gemischt mit zahlreichen Touristen, die auf dem Weg zu den Sehenswürdigkeiten spontan zur Stärkung einkehren.

Café Einstein
Unter den Linden 42, Berlin – Mitte
Tel: 0049 (0)30 2043632, täglich 7.00 – 24.00 Uhr

Backhendl-Salat

Die gekochten Kartoffeln in Scheiben schneiden und in eine große Schüssel geben. In einem hohen Gefäß die Zwiebel, Senf, Salz, Pfeffer und den Apfelessig verrühren. Am Ende das Öl und die Brühe unterrühren. Das Gemisch über die Kartoffeln geben, vermengen und ein paar Stunden ziehen lassen. Die Hähnchenbrustfilets in lange Streifen schneiden. Öl zum Frittieren in einer tiefen Pfanne erhitzen (wer möchte, kann auch ein gutes Stück Butter hinzufügen). Die Eier in einer flachen Schale verrühren. Das Mehl und die Semmelbrösel ebenfalls auf flache Teller verteilen. Die Hähnchenbrustfilets erst in Mehl, dann in Ei und zum Schluss in Semmelbröseln wälzen.
Die Streifen in dem heißen Fett von allen Seiten goldbraun werden lassen, anschließend mit einem Schöpflöffel aus dem Fett holen und auf Küchenkrepppapier abtropfen lassen.
Den Kartoffelsalat, die Tomaten und ein wenig Feldsalat auf einem Teller anrichten, die Backhendl auf den Salat legen und mit etwas Kürbiskernöl und Zitrone beträufeln.

2 Stück Hühnerfilet
2 Eier
feines (glattes) Mehl
Semmelbrösel
Salz
Öl zum Frittieren
1 Zitrone
Feldsalat
Kürbiskernöl

Kartoffelsalat:
500 g festkochende Kartoffeln, gekocht
1 Zwiebel, ganz fein geschnitten
3 EL Apfelessig
6 EL Sonnenblumenöl – je nach Geschmack auch Kürbiskernöl oder Rapsöl
Salz, Pfeffer und einen halben Teelöffel Zucker
1 TL Senf
1/4 l klare Rinderbrühe

4 Cocktailtomaten, halbiert

Aromatisierter
Kaffee
Barcomi's
Deli
Pecan Pie

Barcomi's

BARCOMI'S

Eigentlich können wir Cynthia Barcomi ein Leben lang dankbar sein. Nicht nur wegen der besten Bagels, dem guten Kaffee oder den köstlichen Kuchen. Nein, auch weil sie uns ein Stück New York nach Berlin gebracht hat. Selbst der Ort hätte nicht besser gewählt werden können: ein schöner Innenhof, von roten, mit Efeu berankten Backsteingebäuden umringt. Es fehlen nur die Feuerleitern. Wer Metropolengefühl schnuppern möchte, frühstückt sicher hier im Barcomi's Deli in Mitte. Dabei fing alles in einem unauffälligen Café in Kreuzberg an, wo sich heute noch die Backstube befindet. Es ist wahrscheinlich die kleinste Backstube in ganz Deutschland. Unzählige Kuchen verlassen sie jeden Tag, vom *Apple Pie* bis zum *Cocoa Espresso Loaf* über den *New York Cheesecake*. Wer dem Süßen nichts abgewinnen kann, könnte eine der 36 im Hause gerösteten Kaffeesorten probieren. Frau Barcomi war eine der Ersten in der Stadt, die sich der Kaffeekultur annahm. Als sie nach Berlin kam, fehlten ihr all die Dinge, die sie als Großstadtmensch in Amerika liebte. So kam ihr die Idee, die Lücke zu schließen. Heute sind an warmen Wochenenden alle Plätze hoffnungslos besetzt und viele Gäste sitzen mit ihrem Bagel und dem Kaffee geduldig auf den Stufen. In der Woche ist es zum Glück ruhiger, von Hektik kann dann keine Rede sein.

Barcomi's Adresse: Sophienstraße 21, Berlin – Mitte
Tel: 0049 (0)30 28598363 Internet: www.barcomis.de
Öffnungszeiten: Montag – Samstag 9.00 – 22.00 Uhr, Sonntag ab 10.00 Uhr

DELI TAKE OUT

Barcomi's

täglich ab
12
geöffnet

CLÄRCHENS BALLHAUS

Lass uns zu Clärchen schwofen gehen! Ballhäuser gehörten schon immer zu Berlin. Es waren Treffpunkte für alle, die tanzen und Spaß haben wollten. Wer einen Partner suchte, wusste, wo man hingehen musste. Erst amüsierte man sich, und anschließend verschwand man in den dunklen Hinterhöfen. Clärchens Ballhaus überstand Mauerbau und Mauerfall, bis Clärchens Enkel Ende 2004 schließen musste. Zum Glück haben sympathische Menschen die alte Perle entdeckt und uns das Ballhaus zum Tanzen, Trinken und Feiern zurückgegeben. Die im Original belassenen Räume wurden nur behutsam verändert. Im Laufe der Entrümplung kam plötzlich noch der geheimnisvolle Spiegelsaal im Obergeschoss zum Vorschein. Zu DDR-Zeiten nicht mehr genutzt, doch von wilden Geschichten umrankt. Es lohnt sich mal hochzugehen! An sonnigen Nachmittagen sollten Sie unbedingt den Hofgarten aufsuchen und mit hausgebackenem Kuchen und einem Kaffee inmitten der duftenden Blumen den Tag genießen. Denn nirgendwo könnte die Stadt der Kontraste treffender beschrieben werden als vor dieser Brandmauer aus dem Krieg. Schönes, Skurriles und ein wenig Morbides sind in Berlin gerne dicht beieinander. Abends trudeln Kreative, Szenegänger, dazu aufgerüschte Verkäuferinnen und adrett gekleidete Herren ein, denen Clärchens schon seit vielen Jahren wie ein zweites Zuhause ist. Oldies sind der Klebstoff für diese wilde Mischung, die mühelos die ganze Nacht durchtanzt, nein, schwoft.

Clärchens Ballhaus Adresse: Auguststraße 24, Berlin – Mitte
Tel: 0049 (0)30 2829295 Email: claerchen@ballhaus.de Internet: www.ballhaus.de
Öffnungszeiten: täglich 12 Uhr – open end

Jeden Sonntag
Tanztee
ab 15 Uhr

Ein Gespräch mit David Regehr

Besitzer vom Ballhaus zusammen mit Christian Schulz

Wie sind Sie zum Ballhaus gekommen?

Clärchens Ballhaus ist uns einfach über den Weg gelaufen. Niemand ging da rein, das war wie verbotenes Terrain mit einem Eisenzaun davor. Wir wollten immer Theater machen und haben damals die Strandbar gegründet, um unser Hexenkessel-Hoftheater zu finanzieren. Alternativ suchten wir eine Einnahmequelle für den Winter. Auf einmal waren wir die Betreiber.

Wie haben Sie das Ballhaus wieder zum Leben gebracht?

Wir haben bei dem Haus gelernt, was hinter einem Ballhaus steckt und was mit Tanzen möglich ist. Auch wenn heute nicht mehr Clärchen draufsteht, ist immer noch Clärchen drin. Das Haus in sich ist ganz intelligent und gibt schon alles vor. Der Saal ist so, wie er immer war, sogar die Weinbar gehört zum Konzept von Clärchen. Alles was es braucht, ist eine gewisse Menge an Leuten. Ein leeres Ballhaus funktioniert nicht.

Wer kommt heute ins Ballhaus?

Clärchens Ballhaus ist ein Ort, an den jeder kommen kann. Das Publikum ist eine schöne Mischung aus alten Stammgästen und vielen jungen Leuten, die zum Tanzen kommen und sich amüsieren wollen.

Was sollte ein Gast machen, um das Ballhaus in vollen Zügen zu genießen?

Am besten schon vor 21 Uhr kommen, einen Platz suchen und dann das Tanzbein schwingen und sich zwischendurch mit einer knusprigen neapolitanischen Pizza stärken. Dienstags werden Tango, mittwochs Swing, donnerstags Standard und am Wochenende Schwof angeboten, wo Anfänger oder Wiedereinsteiger in einem Kurs vorher schon mal üben können.

6
7
8

☞ Gute Seele und Urgestein vom Ballhaus

Wenn Sie am Freitag- oder Samstagabend kommen, ist die Wahrscheinlichkeit sehr hoch, dass der 72-jährige Günther Schmidtke hinter der Garderobe steht. Einst Clärchens Liebling, arbeitet er seit über 30 Jahren im Ballhaus und ist damit der Letzte aus der alten Truppe. Scheuen Sie sich nicht, ihn anzusprechen, er sprudelt nur so vor alten, interessanten Geschichten.

☞ Die Geschichte vom Ballhaus

Clärchens Ballhaus gab es schon vor dem Ersten Weltkrieg. 1913 wurde es von Fritz Bühler eröffnet, der das Ballhaus im Kartenspiel gewonnen hatte. Bühler fiel im Krieg, seine junge Witwe Clara hat es übernommen und machte es als Clärchens Ballhaus groß. Geschichten und Anekdoten gibt es viele. Das noch heute sichtbare Plakat malte Otto Dix. Bis 1940 vergnügte sich unten das gemeine Volk zu den Gassenhauern, während sich oben im Spiegelsaal mit wilhelminischem Prunk die vornehme Gesellschaft traf. Im Keller gab es eine Kegelbahn. Im Zweiten Weltkrieg fanden nur noch Kaffeekränzchen statt, und in den Spiegelsaal zog ein Offizierscasino ein. Das zerstörte Vorderhaus wurde nach dem Krieg abgerissen, deshalb der Garten. Clärchen führte das Ballhaus bis 1967, dann übernahm es ihre Stieftochter, Elfriede Wolff. Clärchens war einer der beliebtesten Bagger-Schuppen Ost-Berlins. Auch manche Westler mischten sich unter das Publikum, auf der Suche nach Spaß, einem kleinen Flirt oder mehr. Nach der Wende übernahmen Monika und Stefan Wolff das Ballhaus, das immer mehr Patina ansetzte. Nach dem Betreiberwechsel wurde 2005 der Spiegelsaal erstmals wieder eröffnet und wird seitdem für ausgewählte Veranstaltungen genutzt.

victoria bar

VICTORIA BAR

Klingeln Sie einfach. Keine Angst, bis auf Reisegruppen lassen sie alle sympathischen Menschen hinein. Sie dürfen auch über 35 sein. Alles ist schön gemischt, keine uniforme Szene, dafür viele interessante Leute und zum Glück auch ganz normale. 2001 eröffnet, ist die Bar heute schon ein moderner Klassiker!

Häufig haben wir eine Bar wie die Viktoria Bar in anderen Städten gesucht, aber nicht gefunden. Aber was macht eine gute Bar überhaupt aus? Ganz klar, die Betreiber und ihr Team. Von Anfang an mit unverändertem Elan und konstanter Professionalität hinter dem Tresen: Beate Hindermann, blond, gerne mit Pferdeschwanz, Hermann Halkim, immer mit Käppi, und Besitzer Stefan Weber, lang und schlaksig. Alle sind seit Jahrzehnten in der Berliner Barszene vertraute Gesichter. Stefan Webers Liebe zu den klassischen großen Bars dieser Welt zieht sich durch das ganze Konzept, selbst die Kleidung der Barkeeper hat Stil. Das Interieur ist sensibel aufeinander abgestimmt und wirkt besonders anspruchsvoll durch die zeitgenössische Kunst an den Wänden. Auf der Cocktailkarte mischen sich Klassiker und eigene Kreationen, umso schwerer wird natürlich die Wahl. Dennoch, welchen Cocktail Sie auch wählen – er wird gut sein. Sein anfänglicher Wunsch, eine Hotelbarküche wie zur Blütezeit der amerikanischen Cocktailkultur mit Clubsandwiches und Roastbeef anzubieten, wurde seit 2006 mit Erfolg realisiert.

Victoria Bar Adresse: Potsdamer Straße 102, Berlin – Tiergarten
Tel: 0049 (0)30 25759977 Email: info@victoriabar.de
Internet: www.victoriabar.de Öffnungszeiten: täglich 18.30 – 3.00 Uhr

WILD TURKEY

Ein Gespräch mit Stefan Weber

Besitzer und Barkeeper

Was hat Sie dazu bewogen in dieser Gegend eine Bar aufzumachen?

Die Gegend war am Anfang nicht leicht, dennoch habe ich an die Ecke geglaubt, weil sie genau in der Mitte liegt. Menschen, die zum Essen zwischen Mitte und Charlottenburg pendeln, kommen später hier vorbei. Die Potsdamer Straße mit den Seitenstraßen ist ein traditionelles Ausgehviertel schon aus der Zeit vor dem Mauerfall. Es wird langsam.

Eine Bar mit zeitgenössischer Kunst an den Wänden. Sammeln Sie?

Ich interessiere mich sehr für Kunst. Deshalb lade ich zeitgenössische Künstler ein, sich in einer Arbeit mit der Bar auseinanderzusetzen und sie zu präsentieren. Unter anderem hängen an Wänden Arbeiten von Martin Kippenberger, Marcel Dzarma und Ugo Rondinone.

Bei welchem Drink kommt bei Ihnen die größte Enttäuschung auf?

Eine Pina Colada zeugt nicht gerade von großer Kennerschaft. Wer mag, bekommt Sie aber auch bei uns.

Welcher Drink ist gerade en vogue?

Der Mai Tai, der König der Rum-Cocktails.

Welches ist zurzeit Ihr Lieblingscocktail?

Der klassische Martini Cocktail mit Lemontwist.

www.smart-travelling.net

SMART TRAVELLING STORE

Versteckt in einem großzügigen, unsanierten Hinterhof in Berlin – Mitte findet der Vielreisende bei Smart Travelling schöne und ausgefallene Dinge rund ums Städtereisen. Reisegepäck, Smart-Travel-Bags und „Kleine Helfer", ausgewählte Reisebücher und Travelguides, Kosmetik, erlesene Delis und Souvenirs – alles Fundstücke aus Europas Großstädten, die bei den zahlreichen Recherche-Reisen entdeckt und zusammengetragen wurden. Es ist der Store zur Website *smart-travelling.net*, dem Online-Städteguide mit maßgeschneiderten Tipps für Metropolenliebhaber zu Hotels, Shops, Restaurants und Bars aus über 25 europäischen Städten. Als seien sie von einem guten Freund empfohlen. Wer ein Mitbringsel aus Berlin sucht, wird hier sicher fündig werden.

Smart Travelling Store Adresse: Münzstraße 21, 1. Hinterhof, Berlin – Mitte
Tel: 0049 (0)30 28093699 Email: info@smart-travelling.net
Internet: www.smart-travelling.net
Öffnungszeiten: Montag – Freitag 12.00 – 19.30 Uhr, Samstag 12.00 – 18.00 Uhr

Nice

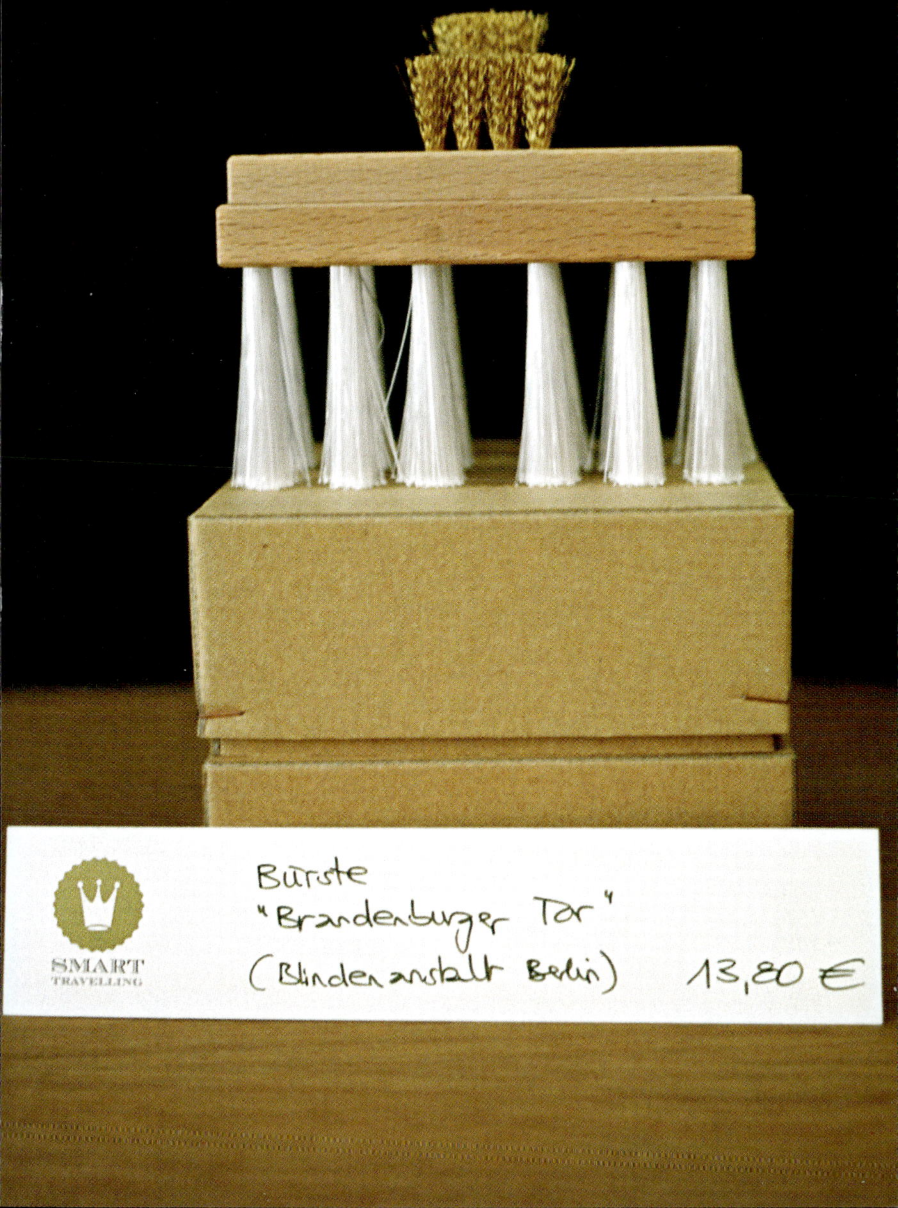
SMART
TRAVELLING
Bürste
"Brandenburger Tor"
(Blindenanstalt Berlin)
13,80 €

SMART
TRAVELLING

GUT ZU WISSEN

Berlin ist groß, darum ist dieser Infoteil so klein. Hier erfahren Sie nicht alles und jedes, sondern genau das, was Sie für ein perfektes Wochenende brauchen. Wenige, aber genau die richtigen Informationen: Wissenswertes über die berlinerische Lebensart, eine kleine subjektive Auswahl an Sehenswürdigkeiten, Spaziergängen und Tipps für Unternehmungen am Sonntag. Dazu einen Stadtplan mit all unseren Lieblingsadressen, damit Sie nicht lange suchen müssen, sondern gleich anfangen können Berlin zu genießen.

BERLINERISCH

Der Berliner verblüfft durch eine gewöhnungsbedürftige Direktheit. Offensichtlicher als bei anderen Dialekten haftet ihm etwas Proletarisches an. An Berliner Schulen war es deshalb strengstens verboten auf Berlinerisch zu unterrichten. Der Bildungsbürger im Westen berlinerte nie und wechselte nur in seinen Dialekt, wenn ihn jemand bei der Autofahrt behinderte. Nach dem Mauerfall änderte sich das Sprachgemisch, denn die Menschen im Osten, egal ob Professor oder Verkäuferin, berlinerten alle ungeniert drauf los. Das Berlinern ist auch eine Art Waffe, deshalb ist der Gebrauch im Straßenverkehr unwahrscheinlich beliebt. Man schleudert Worte wie *Schnauze*, *Atze* (für Bruder) oder *icke* (ich) dem Gegenüber wie eine Stange Dynamit ins Gesicht. Das *R* lässt man ganz weg: *Biste och Balina?* Typische Berliner Bus-Szene: Der Fahrgast hält dem Busfahrer brav die Karte vor die Nase und der Fahrer fragt: *„Soll ick rinbeeßen oder wat?"*

Fressalien

Berlina Weiße.....Weißbier mit Sirup
Blondes ....Berliner Weißbier
Bollen..Zwiebeln
Bollenpiepen..............................Lauch
Bulette................................Frikadelle
Fressalien.......................Lebensmittel
Järtnerwurst................................Gurke
Joldbroiler...........................Hähnchen
Knüppl ....längliches Brötchen
Molle..................................ein Glas Bier
Ostseeforelle......................Salzhering
Pappdiskus...................................Pizza
Schrippe.............................Brötchen
Schrippnarchitekt....................Bäcker
Schustajunge..........dunkles Brötchen
Senfschnulla......Bockwurst mit Senf
Sturmsack.........................Windbeutel
Untaseeboot............................Hering

Alltägliches

dufte....................von etwas begeistert
einpfeifen ....essen
een paar Zerquetschte...ein paar Cent
icke...ich
Kies, Knete, Knökn, Kohle, Mäuse, Moos, Penunse, Pinke, Schotta, Zasta ....gemeint ist immer das Geld
Mischpoke..........Verwandte (negativ)
piekfein...sehr schick, herausgeputzt
urst..........................Steigerungsform
wa...............wird ans Ende des Satzes gestellt, z.B. Is' aba warm heute, wa?

Menschliches

Atze...Bruder
Ick wa' janz baff........Ich war erstaunt
erschossen sein...........sehr müde sein
falscher Fuffziger....verlogene Person
Fatzke ....eitler, arroganter Mensch
Ische..........................Freundin, Ehefrau
jewieft..................................schlau
knast haben...................Hunger haben
Muffnsausn...........Angst oder Furcht
olle Schachtel..alte o. hässliche Dame
schnabulieren.........mit Freude essen
Schmähtandler.................Scherzkeks
uffmucken...................widersprechen
veräppeln.................jmd. einen Bären aufbinden

Örtliches

Istanbul-Express..........U-Bahn Linie 7 zw. Spandau und d. Schlesischen Tor
jwd.......................„janz weit draußen", Berliner Randbezirke
Kaff.......................................kleine Stadt
Potse..........................Potsdamer Straße

DER BERLINER

Woran erkennt man einen echten Berliner? Erst einmal an seiner Lieblingsfrage: „Wo kommst Du eigentlich her?“ Denn der Berliner ist stolz auf seine Herkunft, was leider oft ausgrenzende Züge annimmt. Deshalb wollen auch Zugezogene gerne schnell Berliner werden, denn das Gefühl des Ausgeschlossenseins kann schrecklich sein. Zum Glück ist ein wenig Besserung in Sicht. Berliner stechen aber auch durch ihr Outfit hervor: gerne ungekämmt, mit knitterigen Hemden und bloß keine Kleidung, die mit der aktuellen Mode in Verbindung zu bringen ist. Sein Shoppingparadies sind Vintageläden, wo man nach Kilogramm kauft. Wahrscheinlich geht es dem Einzelhandel deshalb so schlecht wie nirgendwo sonst in Deutschland. Der Begriff „normale Kleidung“ ist außerordentlich weit gefasst. Wer mal den Drang verspürt, einen schrägen neuen Look an sich auszuprobieren, sollte es auf dieser Reise machen, denn in Berlin fällt man nur auf, wenn man in aktuellen Markenklamotten adrett gekleidet ist. Und – passen Sie auf: In Berlin fühlt man sich sehr schnell overdressed.

DER SIEGESZUG DER CURRYWURST

Die Berliner Küche ist eine schlichte, bodenständige Küche, die mehr auf Deftigkeit und Sättigung als auf Verfeinerung Wert legt. Eisbein mit Erbspüree und Aal in grüner Sauce, viel mehr fällt selbst dem Berliner zur lokalen Esskultur nicht ein. Zum Glück hat 1949 Herta Heuwer an der Ecke Kant-/Kaiser-Friedrich-Straße die Currywurst mit einer süßlich-scharfen Sauce aus Tomatenmark und 12 indischen Gewürzen (Currys und Cayennepfeffer) erfunden. Die pikante Sauce wurde auf eine mit Majoran gewürzte Brühwurst gegossen. Sie schaffte damit den einzigen kulinarischen Welterfolg der Berliner Küche. Frau Heuwers Imbiss zog später in einen Laden am Stuttgarter Platz; Tag und Nacht brachte sie dort mit bis zu 19 Verkäuferinnen ihre Erfindung an die hungrige Kundschaft. Die Firma Kraft bemühte sich um das Rezept und das Markenrecht, was Herta Heuwer ihr allerdings verweigerte. Heute gibt es die beste Currywurst in Berlin bei:

West: Biers 195
Kurfürstendamm 195, Charlottenburg
Tel. 0049 (0)30 8818942
Tgl. 11.00 – 5.00 Uhr
Ost: Konnopke
Schönhauser Allee 44, Prenzlauer Berg
Montag – Freitag 6.00 – 20.00 Uhr,
Samstag 12.00 – 19.00 Uhr

BERLIN ENTDECKEN

Taxi oder BVG

Manchmal ist es für zwei Leute günstiger mit dem Taxi zu fahren, als eine halbe Stunde in der Kälte zu stehen und auf den teuren Bus der BVG zu warten. Allerdings kann es passieren, dass man sich dabei die traurige Lebensgeschichte des Taxifahrers anhören muss. Doch das kann eine interessante Milieustudie aus erster Hand werden. Man kann in Berlin ein Taxi auf der Straße stoppen und mit dem Zauberwort Kurzstrecke bis zu 2 km weit für schlappe 3 Euro fahren. Man muss aber den Taxifahrer gleich am Anfang informieren und ihn bitten, dass er nach 2 km auch anhalten soll, denn danach wird's sehr schnell teuer. Eine feine Sache für wunde Füße!

Stadtrundfahrt für 4 Euro

Tipp! Die Fahrt mit der Buslinie 100 von einer Endhaltestelle zur anderen und mit der Linie 200 wieder zurück ersetzt eine teure Stadtrundfahrt mit nervenden Guides. Start ist am Bahnhof Zoo, weitere Stationen sind u.a. Schloss Bellevue, Kongresshalle, Reichstag, Unter den Linden, Humboldt-Universität, Friedrichstraße, Staatsoper, Alexanderplatz, Potsdamer Platz, Philharmonie und Tiergarten.

Von oben

Der Fernsehturm mit seiner blitzenden Kugel wird von den Berlinern geliebt und gilt als Wahrzeichen der Stadt.

Mit 367 m ist er das höchste Gebäude von Berlin und daher perfekt für eine Stadtrundfahrt in schwindelnder Höhe. Mit dem schnellen Lift gelangt man zur verglasten Aussichtsplattform auf 203 m Höhe und zum Panorama-Restaurant auf 207 m, das sich in 30 Minuten einmal um die eigene Achse dreht. Die beste Zeit für dieses unvergessliche Erlebnis ist am Abend, wenn die Schlange der Wartenden nicht mehr so lang ist wie tagsüber. Dann liegt einem das gigantische Lichtermeer der Stadt zu Füßen und man kann stolz verfolgen, welche Entfernungen man am Tag zurückgelegt hat.

Fernsehturm
Panoramastraße 1A, Mitte
Tel: 0049 (0)30 2423333
www.berlinerfernsehturm.de
Tgl. 9.00 – 1.00 Uhr (März – Oktober)
Tgl. 9.00 – 24.00 Uhr (Nov. – Feb.)

Auf dem Wasser

Berlin liegt an den Flüssen Spree und Havel, wird durchzogen von einer Vielzahl von Kanälen und hat doppelt so viele Brücken wie Venedig. So gehört eine Dampferfahrt zu Berlin wie die Coffeeshops zu Amsterdam. Es gibt zahlreiche Anlegestellen, an denen man sich bei schönem Wetter in ein Boot setzen und herumfahren lassen kann. Genießen Sie vom luftigen Bootsdeck aus die Sehenswürdigkeiten der Berliner Innenstadt aus einer ganz anderen Perspektive und staunen Sie über so manche romantischen Winkel der Hauptstadt. Oder schippern Sie in Richtung Süden, zum Wannsee oder Müggelsee mit ihren idyllischen Uferregionen, und genießen Sie eine der grünsten Metropolen Europas.

Berliner Geschichtswerkstatt
auf dem Dampfer

Historische Stadtrundfahrten auf dem Dampfer Spreeperle. Jeden zweiten Sonntag startet um 11.00 Uhr eine Tour durch Mitte, ganz ohne oberflächliches Geschwätz, dafür mit originellen und fundierten Stadt-Geschichten. Ab 15.00 Uhr gibt es wechselnde Sonderprogramme: Literatur- oder Musiktouren und die Krumme Tour durch die Geschichte der Berliner Unterwelt. Abends gelegentlich auch Sunset-Touren mit buntem Themen-Mix.

Ab dem 29. April sonntags alle 14 Tage
11.00 + 15.00 Uhr, Abfahrtsstelle Spree,
Paul-Löbe-Haus, Regierungsviertel
Schiff: Spreeperle
Preis: 14 Euro für 3 Stunden
www.berliner-geschichtswerkstatt.de
Tel: 0049 (0)30 2154450

Mit dem Rad

Berlin ist eine Fahrradstadt, flach wie Amsterdamundsehrgrün.InderInnenstadtgibtesvieleruhigeNebenstraßen, und fast alle größeren Straßen haben Fahrradwege. Teile des Regierungsviertels oder der Bereich rund um die Museumsinsel sind so gut wie autofrei. Wegen der auseinandergezogenen Zentren ist das Fahrrad für die Berliner das schnellste Fortbewegungsmittel und genau richtig für eine individuelle Entdeckungsreise.

Berlin on Bike

Mit dem Rad in kleinen Gruppen auf sechs thematisch gestalteten Touren durch die Stadt. Es gibt eine Mauer-Tour und die Afternoon-Clubtour, bei der DJs durch Berlin führen. Komfortable Räder stehen zur Verfügung.

Berlin on Bike (geführte Touren)
Kulturbrauerei, Hof 4
Knaakstr. 97, Prenzlauer Berg
Tel: 0049 (0)30 44048300
www.berlinonbike.de

Call a Bike Deutsche Bundesbahn

Wenn man spontan ein Fahrrad mieten möchte, stehen rund um die Uhr die Räder der Deutschen Bahn an beinahe jeder größeren Kreuzung bereit. Dafür muss man sich mit der Kreditkarte registrieren, das An- und Abmelden erfolgt mit einem kurzen Anruf an die Nummer, die auf dem Fahrrad steht. Sehr praktisch für kurze Wege, zumal man das Rad an jeder Ecke wieder stehen lassen kann (Winterpause: Mitte Dezember – Mitte März).

Fahrradstation, 5 x mitten in Berlin
Hotline: 0180 5108000
www.fahrradstation.de
Montag – Freitag 10.00 – 19.00 Uhr,
Samstag 10.00 – 16.00 Uhr

Durchs Schlüsselloch

Sie suchen das ganz besondere Berlin-Erlebnis hinter der Fassade? Dann ist eine exklusive Erlebnis-Tour mit einem persönlichen Berlinagenten genau das Richtige. Ob Sie als Hotelinspekteur Einblick in kreative Hotelkonzepte bekommen, bei einer Gastro-Rallye-Tour mehreren Restaurants aus aller Welt in die Kochtöpfe schauen und typische Gerichte probieren oder bei einer „ost"-algischen Reise zurück in die DDR-Zeit den Alltag auf der anderen Seite der

Mauer erleben, bei allem wird Ihnen die lebendige Kultur, das neue Berlin mit seinen Menschen und Besonderheiten auf überraschende und unvergessliche Weise zugänglich gemacht. Für die Touren sollte man sich am besten zwei Wochen im Voraus anmelden. Preise ab 119 Euro für die Halbtagestour und ab 219 Euro für die Ganztagestour.

Berlinagenten
0049 (0)30 43720701
www.berlinagenten.com

WO UND WAS EINKAUFEN

Berlin hat viele Ecken zum Shoppen, die alle ein recht unterschiedliches Publikum ansprechen. Um sich einen Überblick zu verschaffen, wer wo etwas findet, versuchen wir es etwas einzukreisen.

Mitte – um die Schönhauser Allee

Das junge, szeneorientierte Publikum shoppt in Mitte rund um die Schönhauser Allee, Münzstraße, Torstraße, Mulackstraße und Rosa-Luxemburg-Straße. Hugo, Adidas, Puma, Diesel und Replay reihen sich lückenlos aneinander. Dazwischen gibt es noch ein paar individuelle Läden wie Schönhauser Design, Smart Travelling Store, Pro qm, blush, r.s.v.p., Überstore und Sai So.

Mitte – um die Friedrichstraße/ Gendarmenmarkt

Die etablierten, modeorientierten Shopper finden sich rund um den Gendarmenmarkt und die Friedrichstraße ein. Das Zentrum ist das Quartier 206, ein Mini-Luxuskaufhaus, von Anna Maria Jagdfeld ins Leben gerufen. Im gleichen Block befinden sich teure Marken wie Gucci, Yves St. Laurent, Etro, La Perla und Louis Vuitton. Nebenan sitzt das Kaufhaus Galeries Lafayette und am Gendarmenmarkt hat der neue Conceptstore The Corner (Mode, Möbel, Musik) aufgemacht.

Charlottenburg – Ku'damm

Russen und gediegene Westler kaufen am Ku'damm zwischen Fasanenstraße und Leibnizstraße ein. Bis auf Zenker, die aktuelle amerikanische Labels verkaufen, und Uli Knecht mit einem gemischten Angebot reihen sich hier die allseits bekannten Marken wie Gucci, Jil Sander oder Hermès aneinander.

Charlottenburg – Savignyplatz

Das Einkaufsgebiet der etablierten Intellektuellen und Kreativen. Auf der Bleibtreustraße, Mommsenstraße, Knesebeckstraße und Niebuhrstraße und weiter über den Savignyplatz hoch zur Hardenbergstraße findet man noch kleine, individuelle Läden. Antonie Setzer, Emma & Co, Bramigk & Breer, Adolph, Dopo Domani und Manufactum sind die Interessantesten.

Schöneberg – Winterfeldtplatz/ Akazienstraße

Treffpunkt der Bewussten. Am Samstag ist der Markt auf dem Winterfeldtplatz der Treffpunkt aller Schöneberger. Aber auch aus anderen Bezirken strömen die Menschen zusammen. Von der Goltzstraße über die Akazienstraße bis zur Hauptstraße gibt es alles, was der ökologisch reflektierte Bürger braucht: Einen gut sortierten Reisebuchladen, Lädchen mit Tarotkarten, Kristallen und Himalaya-Salz sowie nette kleine Shops mit gutem Espresso, Schokolade, Weinen und französischen Spezialitäten.

Prenzlauer Berg – Kastanienallee

Für die jungen, hoffnungsvollen Menschen, die in Scharen in den Trendbezirk Prenzlauer Berg zogen, ist die Kastanienallee ihr Laufsteg sowie die Shopping-Promenade. Hier war man dem Trend immer eine Nasenlänge voraus. Heute wandelt sich das Bild, und die Kastanienallee wird immer mehr eine Rucksacktouristen-Meile, auf der billige Berlin-Jacken verkauft werden.

MÄRKTE

Markt am Kollwitzplatz

Berlins schönster Markt ist auf dem Kollwitzplatz, mitten im Prenzlauer Berg, umgeben von frisch sanierten Fassaden und einer Mischung aus Cafés, Restaurants und kleinen Läden. Bei einem Spaziergang über den Markt am Samstagmorgen kann man wunderbar in das Leben des Bezirks eintauchen. Der Kollwitzmarkt ist ein beliebter Treffpunkt von Szeneleuten, jungen Familien und Kiezbewohnern, die hier ihre Wochenendeinkäufe machen. Es ist keine Seltenheit, wenn am Gemüsestand Alfred Biolek in der Schlange vor einem steht. Die Auswahl an kulinarischen Köstlichkeiten der Saison, Bioprodukten und frischem Obst und Gemüse aus Brandenburgs Gärten ist groß. Je früher man kommt, desto entspannter kann man alles genießen. Der Markt ist auch ein guter Ausgangspunkt für einen Bummel durch den Kiez. Wenn man die Kollwitzstraße weiter Richtung Norden geht, ist man in zehn Minuten am Helmholtzplatz mit seinen vielen Szenecafés und Restaurants.

Kollwitzplatz, Prenzlauer Berg
Samstag 9.00 – 16.00 Uhr

Flohmärkte

Der traditionelle Flohmarkt liegt wunderbar zentral an der Straße des 17. Juni, wo jeden Samstag und Sonntag im Morgengrauen alteingesessene Trödler ihre Stände mit hochwertigen Antiquitäten aufbauen. Von hier aus ist man in ein paar Minuten im Tiergarten, wo man im Sommer mitten im Grünen im Café am Neuen See herrlich frühstücken kann. Schnäppchen-Jäger können auf dem Flohmarkt am Rathaus Schöneberg am Samstag und Sonntag auf Entdeckungstour gehen. Klein, persönlich und szenig ist dagegen der Flohmarkt im Arkona-Kiez in Mitte mit ausgesuchtem Trödel und Liebhaberstücken. Hier kann man noch das eine oder andere Überbleibsel aus DDR-Zeiten finden. Wer noch nicht genug gestöbert hat, kann dies anschließend auf dem nur wenige Straßen entfernten Flohmarkt am Mauerpark fortsetzen.

Straße des 17. Juni am S-Bahnhof
Tiergarten, Tiergarten
Samstag und Sonntag 8.00 – 16.00 Uhr
Arkonaplatz, Mitte
Sonntag 10.00 – 16.00 Uhr

EINMAL UM DIE WELT

In Berlin sind alle Küchen dieser Welt vertreten. Egal, wonach einem der Sinn steht, hier finden Sie alles, was Ihr Gaumen begehrt, vom heimischen Aal in grüner Soße bis zur raffinierten *zarzuela*. Doch es ist nicht leicht, unter den mehr als 11.000 Cafés und Restaurants die wahren Perlen zu finden, die oft in den kleinen Gassen, Nebenstraßen oder Hinterhöfen versteckt sind.

dolores®

Dolores – kalifornisch-mexikanisch

Kalifornische *burritos* und *quesadillas* mit verschiedenen Füllungen und Saucen, frisch vor den Augen zubereitet. Ob vegetarisch, leicht mit Huhn oder original mit Rindfleisch, schwarzen Bohnen und Reis – hier findet jeder seinen Favoriten.

Rosa-Luxemburg-Straße 7, Mitte
Montag – Samstag 11.30 – 22.00 Uhr
Tel: 0049 (0)30 28099597

Monsieur Vuong – vietnamesisch

Nicht ohne Grund ist es hier immer voll. Das Curry ist nicht nur so gut und frisch, dass man es am liebsten gleich noch einmal nachbestellen möchte, sondern auch noch günstig.

Alte Schönhauser Straße 46, Mitte
Montag – Sonntag 12.00 – 24.00 Uhr
Tel: 0049 (0)30 30872643

Dolce Pizza – italienisch

Berlins beste Pizza auf die Hand zu einem unglaublich günstigen Preis. Bezahlt wird, wie in Italien, nach der Größe des gewünschten Stückes. Es gibt viele Sorten, die ständig frisch im Hinterzimmer nachgebacken werden.

Maaßenstraße 6, Schöneberg
Montag – Freitag 11.00 – 23.00 Uhr,
Samstag + Sonntag 12.00 – 23.00 Uhr
Tel: 0049 (0)30 20051585

Barcellos & Salon sucré – französisch

Französische Backkunst in dem kleinen, abseits gelegenen Laden am Ende des Görlitzer Parks. Hier gibt es die besten *brioches* und *pains au chocolat*, die fantastischsten *tartes* und die leckersten Schinkenkäse-Croissants in Berlin. Und im Salon sucré kann man sich nach dem Schlemmen die Haare schneiden lassen.

Görlitzer Straße 32a, Kreuzberg
Donnerstag – Sonntag
10.00 – 18.00 Uhr
Tel: 0049 (0)30 6122713

Imbiss – indisch

Naanbrotpizza, am offenen Feuer in der Innenwand einer Tonamphore gebacken, mit verschiedenen frischen Belägen. Köstlich!

Kastanienallee 49/
Ecke Zionskirchstraße,

Prenzlauer Berg
Tgl. 13.00 – 23.00 Uhr

Nibs Cacao – spanisch

Churros con chocolate, frittierte Gebäckstangen aus Brandteig mit einer dickflüssigen Trinkschokolade – so gut wie in Spanien! Eine sündige Leckerei, die in einem winzigen Café serviert wird.

Bleibtreustraße 46, Charlottenburg
Montag – Samstag 11.00 – 20.00 Uhr,
Sonntag 13.00 – 18.00 Uhr
Tel: 0049 (0)30 26376740

Ishin – japanisch

Sushis, don, roher und gegrillter Fisch auf Reis, cey-ro, Fisch und Gemüse im Bambuskorb gedämpft. Köstlich frisch, günstig, authentisch und gerne auch von Japanern besucht.

Mittelstr. 24, Mitte
Friedrichstraße
Montag – Samstag 11.00 – 20.00 Uhr
Tel: 0049 (0)30 20674829

Charlottenstr. 16 , Mitte –
Checkpoint Charlie
Montag – Freitag 11.00 – 20.00 Uhr,
Samstag 11.00 – 18.00 Uhr
Tel: 0049 (0)30 60500172

Selig – chinesisch

Dim Sum und die besten chinesischen Nudelsuppen in Berlin. Die Spezialität sind die frisch gemachten Nudeln aus *Lanzhou*, dazu wahlweise Rindfleisch und Gemüse. Der Laden mutet wie seine Küche etwas sozialistisch an, kein rotgoldener Drache weit und breit, dafür ein großes Aquarium. Sehr freundlicher Service.

Kantstraße 51, Charlottenburg
täglich 12.00 – 24.00 Uhr
Tel: 0049 (0)30 31017241

LEO BETTINI
KNÖDEL & PASTA VON HAND GEMACHT

Leo Bettini – österreichisch

Köstliche Knödel und Pasta von Hand gemacht, deren Füllungen je nach Saison variieren. Zusammen mit Butter und Parmesan sind sie der ideale Snack für zwischendurch.

Mulackstraße 33, Mitte
Montag – Freitag 10.00 – 18.30 Uhr,
Samstag 12.00 – 16.00 Uhr
Tel: 0049 (0)30 60507449

Bonanza Coffee Heroes – bester Kaffee!

Ein Muss für alle Espresso-Süchtigen! Es ist die Mischung aus frisch gerösteten und handverlesenen Bohnen, exakter Brühtemperatur mit einer „Synesso" – dem Porsche unter den Espressomaschinen – und der Leidenschaft der beiden Betreiber, die jede Tasse zu einem Genusserlebnis macht. Dafür nimmt man auch gern eine kurze Wartezeit in Kauf. Genauso überzeugend wie der Kaffee ist auch die Einrichtung des kleinen Ladens am Ende der Oderberger Straße, die die Handschrift des holländischen Designers Onno Donkers trägt.

Oderberger Straße 35, Prenzlauer Berg
Dienstag – Freitag 9.00 – 19.00 Uhr, Samstag + Sonntag 9.30 – 20.00 Uhr, Montag geschlossen
www.bonanzacoffee.de

Toca Rouge – chinesisch

Heißt so viel wie „Touch of China". Hier isst man frisch zubereitete traditionelle chinesische Gerichte mit Namen wie „Red black honey girl", zart gebratenes Rindfleisch auf Süßkartoffeln, oder „Long life", Mandarin-Nudeln mit Hühnerfleisch in Sesam-Knoblauchsoße, und als Dessert „Sticky orange love pudding" in stylischem Ambiente. Wer an der Bar sitzt, kann über kleine Bildschirme alte Kung-fu-Filme anschauen, während er auf das Essen wartet. Perfekt zum Lunch oder für den späten Hunger bis Mitternacht.

Torstraße 195, Mitte
Tel: 0049 (0)30 84712142
Montag – Freitag 12.00 – 15.00 Uhr + 17.00 – 24.00 Uhr, Samstag + Sonntag 17.00 – 24.00 Uhr
www.toca-rouge.com

Meierei – alpenländisch

Alles Gute von Berg und Tal in Bio-Qualität gibt es in der Meierei, dem sympathischen alpenländischen Deli in der Kollwitzstraße, die von zwei enthusiastischen Betreibern geführt wird. Wer will, kann sich hier durch den ganzen Tag essen, so gut schmeckt es! Morgens ein Hirsebrei mit Himbeersahne, mittags Weißwürste, Leberkäs oder eine Suppe, um dann mit einem Stück vom ofenwarmen Apfelstrudel abzuschließen. Aber Vorsicht, es besteht erhöhtes Suchtrisiko!

Daneben gibt es eine gute Auswahl an Hofpfister-Brot, Bio-Käse, Staud's Marmeladen, Kernöl und österreichischen Weinen für zu Hause.

Kollwitzstraße 42, Prenzlauer Berg
Montag – Freitag 7.00 – 20.00 Uhr, Samstag 9.00 – 18.00 Uhr
Tel: 0049 (0)30 28041681
www.meierei.net

Fettnapf – Pommes frites
Warum ist eigentlich noch keiner auf die Idee gekommen, Pommes mit einer Trüffel- oder einer Wasabimayonnaise anzubieten. Die Pommes hier haben die dickere belgische Grundform, eine schlanke Allumettes-Variante wäre auch nicht verkehrt. Diese Gourmet-Pommesbude überrascht mit vielen netten Interieur-Details, so hat man auch bei schlechtem Wetter Lust drinnen Platz zu nehmen.

Rykestraße 48, Prenzlauer Berg
Tgl. 11.30 – 22.00 Uhr
Tel: 0049 (0)30 3212464
www.fettnapf.info

BIERGÄRTEN IN BERLIN

Es ist das Schönste, nach dem harten Berliner Winter wieder draußen sitzen zu können. Dann kann es den Wirten nicht schnell genug gehen, bei den ersten Sonnenstrahlen des Frühlings ihre Tische in den Garten oder auf den Gehweg zu stellen. Hier verraten wir zwei Oasen im Freien.

Prater
Der Prater ist Berlins ältester und größter Biergarten mit authentischer Atmosphäre und angenehm gemischtem Publikum.

Kastanienallee 7–9, Prenzlauer Berg
Tel: 0049 (0)30 4485688
Montag – Freitag 16.00 Uhr – open end, Samstag und Sonntag 12.00 Uhr – open end (April – September)

Café am Neuen See
Es liegt versteckt im Tiergarten, fernab vom Großstadttrubel. Immer voll, sehr lebendige Stimmung bei gemischtem szenigen Publikum.

Lichtensteinallee 2, Tiergarten
Tgl. 10.00 – 23.00 Uhr
Tel: 0049 (0)30 2544930

Es ist nicht unbedingt erstrebenswert, den angesagten Club der Stadt aufzusuchen. Auch wer die AdreSse kennt, aber auf keiner Gästeliste steht, wird häufig gar nicht reingelassen. Trösten Sie sich, denn es wird in jedem Fall zu voll sein, selten freundlich, und keinesfalls ist man richtig angezogen. Wer dennoch das Clubleben kennen lernen möchte, braucht die richtigen Informationen oder einen Freund, den man in den Clubs kennt. Denn Bars und Clubs finden immer entlegenere Winkel, gefeiert wird in abgelegenen Wohngebieten und hoch über dem Alexanderplatz. In Berlin gibt es zwei interessante Macher, die mit ihren außergewöhnlichen und innovativen Konzepten Berlins Nachtleben prägen. Einer davon ist Heinz Gindullis, alias Cookies, der 1994 mit der Dienstagsbar in der Auguststraße startete und mittlerweile das siebte Cookies eröffnet hat. Die Türsteher wachen jedes Mal über die außergewöhnlichen Orte, die den Habitus des Geheimen verströmen und nur Kreativen, fashion-victims und Bohemians Einlass gewähren. International bekannt wurde das vorletzte Cookies & Cream im ehemaligen Hotel de Rome, wo man im dazugehörigen Restaurant Cream unter den fünf Meter hohen Decken unvergesslich speiste. Die zweiten Macher sind die drei Jungs vom 103. Zu ihrer Legende gehören die besten Clubs nach der Maueröffnung. Der aktuelle Club 103 ist in der Falkensteinstraße 47 in Kreuzberg.

Allgemein: www.clubguideberlin.de

Cookies

Cookies Cream ist wieder da! Es liegt über dem Club, den Cookie in einem ehemaligen Kino neben dem Westin Grand Hotel an der Friedrichstraße eröffnete. Und überrascht mit schmackhafter vegetarischer Küche – die Gerichte werden zusammen mit

Sternekoch Michael Kempf kreiert. Spontan ist kein Reinkommen, daher vor allem dienstags und donnerstags reservieren. Dann nur noch den Hintereingang finden und ... geschafft. So ist das eben mit Geheimtipps!

Friedrichstraße/Unter den Linden, Mitte
Club: Dienstag + Donnerstag
ab 22.30 Uhr
Cream: Dienstag – Samstag 19.00 – open end
Tel: 0049 (0)30 27492940
www.cookies-cream.de

Club 103
Falkensteinstraße 47, Kreuzberg
Freitag und Samstag ab 23.00 Uhr
www.103club.de

Clubleben entspannter:

White Trash Fastfood
Restaurant und Club
Schönhauser Allee 6–7, Mitte
Tgl. ab 18.00 Uhr
www.whitetrashfastfood.com

Kaffee Burger
Torstraße 58–60, Mitte
Tgl. ab 21.00 Uhr
www.kaffeeburger.de

Im Sommer herrlich:

Freischwimmer
Für einen Moment kommt das Gefühl auf, in einem Restaurant am Kanal in Asien zu sitzen, gleichzeitig erinnert der Freischwimmer an ein Kreuzberger Kiezcafé. Die Terrasse schwebt über dem Wasser und bei Sonnenschein kann man hier den ganzen Tag verbringen und dem Geplätscher lauschen. Kann auch gemietet werden!

Vor dem Schlesischen Tor 2A
Kreuzberg
Montag – Freitag 12.00 Uhr – open end
Samstag und Sonntag ab 11.00 Uhr
Tel: 0049 (0)30 61074309
www.freischwimmer-berlin.de

SONNTAGS IN UND UM BERLIN

Relaxen in Berlin
Badeschiff – Schwimmen auf der Spree. Relaxen kann man auf der Spree zu jeder Jahreszeit auf dem Badeschiff. Dafür wurde ein altes Transportschiff umgebaut und als Schwimmbad mit-

ten in den Berliner Osthafen gesetzt. Das einzigartige Gebilde ermöglicht den Berlinern einen unmittelbaren Zugang zu ihrem Fluss mit wunderschönem Ausblick auf die Spree, die Oberbaumbrücke und den Fernsehturm. Der Holzsteg mit Sandstrand und Strandbar ist im Sommer ein In-Place für Szeneleute, die zu angesagten Klängen und mit einem Cocktail in der Hand den Tag ausklingen lassen. In den Wintermonaten verwandelt sich das Badeschiff dann in eine raupenähnliche überdachte Insel mit Sauna, Pool und Panoramablick.

badeschiff

Eichenstraße 4, Berlin – Treptow
Sommer: täglich 8.00 – 24.00 Uhr
(Mai – September)
Winter: täglich 10.00 – 24.00 Uhr
(Oktober – April)
Tel: 0049 (0)30 5332030
www.badeschiff.de

Potsdam

Potsdam ist fast ein Muss bei einem Berlin-Besuch, zumindest im Sommer. Es ist eine Kulturperle, doch es würde ein ganzes Buch füllen, all die wichtigen Sehenswürdigkeiten aufzuzählen. Doch wie könnte ein gelungener Tag in Potsdam aussehen? Am besten starten Sie mit der S-Bahn: Es gibt eine Linie vom Bahnhof Alexanderplatz über den Zoo direkt nach Potsdam-Stadt. Wir empfehlen dringend, ein Rad auszuleihen, denn zu Fuß kommen Sie in Potsdam nicht weit. Im Bahnhof Potsdam gibt es zum Glück einen Fahrradverleih. Jetzt brauchen Sie nur noch eine Karte, und es kann losgehen. Radeln Sie erst einmal links neben der Friedrich-Ebert-Straße in Richtung Nauener Tor, setzen Sie sich dort ins Café Haider oder eines der Cafés direkt daneben und genießen Sie den Alltag in Potsdam. Direkt hinter dem Nauener Tor beginnt das restaurierte Holländerviertel mit vielen kleinen Läden und kleinstädtischer Idylle. Das nächste Ziel könnte das Schloss Sanssouci mit seinen herrlichen Parkanlagen sein, die sich bis zum Neuen Palais ziehen. Eigentlich ist es nicht erwünscht in den Parks Rad zu fahren, aber fast alle machen es, und meistens kommt man ohne Rüffel gut durch. Jetzt könnte man durch den Voltaireweg an den Holzhäusern der russischen Kolonie vorbei zum Neuen Garten radeln. Am Marmorpalais vorbei geht es auf Schloss Cecilienhof zu. Ein paar Meter weiter rechts ist eine große Badewiese für diejenigen, die eine Erfrischung brauchen. Sonst könnten Sie auch hinter Cecilienhof fünf Minuten weiter bis zur Meierei am Jungfernsee fahren. Sie liegt mit schöner Sicht auf den See. Es gibt herrlich frisches Bier aus der eigenen Brauerei und dazu deftige Berliner Biergartenküche, darunter Eisbein mit Erbsenpüree, Schweinebratwürste mit Zwiebelbiersauce und Stampfkartoffeln. Die leichte preußische Variante wären Kartoffeln mit Quark. In der kälteren Jahreszeit kann man in den liebevoll renovierten Gewölben essen.

Meierei – Brauhaus
Im Neuen Garten 10, Potsdam
Montag – Samstag 10.00 – 23.00 Uhr,
Sonntag bis 22 Uhr
Tel: 0049 (0)331 7043211
www.meierei-potsdam.de

Der Schlachtensee.
Joggen, baden und dann
in den Biergarten

Berlin ist ein wahres Ausflugsparadies. Herrliche Seen reihen sich in und um Berlin herum in Ketten aneinander. Überall ist es grün, denn Bäume und Parks gibt es in Hülle und Fülle. Berlin ist eine Stadt für den Sommer. Der Schlachtensee ist einfach zu erreichen und zieht alle Jogger magisch an, denn eine Runde um den See dauert etwa eine halbe Stunde. Die perfekte Zeit. Die S-Bahnstation Schlachtensee befindet sich keine 50 m vom See entfernt. Im Sommer kann man dort schwimmen und sich anschließend im Biergarten Fischerhütte ein knuspriges Hähnchen mit Kartoffelsalat abholen und unter Schatten spendenden Bäumen den Blick auf den See genießen. In dem alten Haupthaus mit Kamin gibt es gute österreichische Küche mit Kalbsgulasch, Tafelspitz und Wiener Schnitzel.

Fischerhütte am Schlachtensee
Fischerhüttenstraße 136, Zehlendorf
Tgl. 9.00 – 24.00 Uhr
Tel: 0049 (0)30 80490310
info@fischerhuette-berlin.de
www.fischerhuette-berlin.de

DO SOMETHING YOU HAVE NEVER DONE BEFORE

Eine Trabi-Safari durch Berlin

Die Trabis – das waren die Autos in der ehemaligen DDR. Heute sieht man leider immer seltener noch einen davon auf den Straßen. Es gibt sie aber noch, und Sie können selbst am Steuer einer knallbunten Pappe sitzen und damit unvergessliche 90 Minuten durch Berlins Straßen düsen. Los geht's am Checkpoint Charlie. Man kann zwischen zwei Touren wählen, einmal Berlin Classic, die über den Gendarmenmarkt, Unter den Linden und am Brandenburger Tor vorbei Richtung Ku'damm führt, oder Berlin Wild East mit einem Abstecher zur East Side Gallery und der Karl-Marx-Allee.
Gefahren wird im Trabi-Konvoi, die Informationen zu den Sehenswürdigkeiten, die auf dem Weg liegen, gibt ein Guide per Funk über die Radioanlage. Und am Ende gibt es dann sogar schwarz auf weiß einen Original Trabi-Führerschein.

Trabi-Safari-Tours, Neue Roßstr. 21, Berlin
Tel: 0049 (0)30 27592273, www.trabi-safari.de
Täglich 10.00 – 18.00 Uhr alle 2 Stunden

Ab 2 Personen, ab 35 Euro pro Person

Buchtipp

„Du bist nicht so wie andere Mütter“ von Angelika Schrobsdorff

Erzählt wird das vielschichtige Leben einer leidenschaftlichen Mutter, von der glücklichen jüdischen Kindheit, der ersten Liebe, Sommerferien, Theater, Bällen bis zum Nazi-Terror im früheren Berlin, schließlich von Flucht und Exil.

„Selam Berlin“ von Yadé Kara

Ein tragikomische Geschichte vom 19-jährigen Hasan, der mit seiner Familie zwischen Bosporus und Spree hin- und hergependelt ist. Er will in Berlin sein, wenn die große Party steigt – in einer Zeit, wo sich Ost und West, deutsche und türkische Gegenwart nicht mehr trennen lassen.

Filmtipp

Der Himmel über Berlin

Der Film von Wim Wenders ist eine poesievolle Liebeserklärung an das Leben, an die Sinnlichkeit und die Begrenztheit des irdischen Daseins. Die Engel Damiel und Cassiel treten als Beobachter der Welt, insbesondere des Berlins der 1980er Jahre auf. Sie können nicht in das Leben der Menschen eingreifen, können sich ihnen nicht zu erkennen geben, ihnen jedoch neuen Lebensmut einflößen.

PERSÖNLICHKEITEN

Helmut Newton (1920 – 2004)

Einer der besten, umstrittensten und teuersten Fotografen der Welt stammt aus Berlin und revolutionierte mit seinem erotischen Stil die Modefotografie.

Max Liebermann (1847 – 1935)

Berliner Maler, der zu den wichtigsten Vertretern des Deutschen Impressionismus gehörte.

Ernst Litfaß (1816 – 1874)

Er hat die Anschlagsäule erfunden, da ihn angeblich das wilde Plakatieren im lebendigen Berlin störte.

Berlin überzeugt nicht durch architektonische Einheit wie Barcelona und steckt nicht voller alter Schätze wie Rom, es hat auch keine malerische Altstadt wie Wien. Berlin wirkt eher wie ein Raumhafen, auf dem Gebäude aus unterschiedlichen Zeitzonen und Gesellschaftssystemen nebeneinander gelandet sind. Da stolpert man im Osten über den Alexanderplatz als Paradebeispiel sozialistischer Architektur, geht vorbei an sozialistischen Plattenbauten, die auf die Karl-Marx-Allee führen – Kommunistische Monumentalarchitektur vom Feinsten.

Wunderschön sanierte Innenhöfe in Mitte und Prenzlauer Berg erzählen von der Zeit der Industrialisierung und vom reichen jüdischen Kulturleben in der Stadt, hypermoderne Wolkenkratzer am Potsdamer Platz weisen in ein neues Zeitalter. Der futuristische Neubau des Kanzleramtes liegt unweit vom Prachtboulevard Unter den Linden, der noch historische Spuren erkennen lässt und zur Museumsinsel mit ihren wertvollen Sammlungen führt. Und im Westen die Gebäude am Ku'damm, die für hemmungslosen Konsum sprechen. Nicht weit entfernt davon das Schloss Charlottenburg, wo 300 Jahre lang die Hohenzoller residierten. Egal, in welche Richtung man geht, auf Schritt und Tritt begegnet man in Berlin den gegensätzlichen Zeugen einer bewegten Geschichte und der neuen Stadt.

Niveauvolle Führungen auf ausgesuchten Architekturpfaden gibt es bei:
www.ticket-b.de
www.guiding-architects.net

Berlin hat ein umfangreiches Kulturangebot, deshalb ist es wichtig, für ein Wochenende eine bewusste Auswahl der besten zu treffen. Eine Auswahl, die gerade in der Kulturwelt nie alle ansprechen kann und auch immer subjektiv ist.

Wo anspruchsvolles Kino in schönem Ambiente läuft:

Ost:
Kino International
Karl-Marx-Allee 33, Friedrichshain
www.kino-international.com

West:
Delphi Filmpalast
Kantstraße 12a, Charlottenburg
www.delphi-filmpalast.de

Wo gutes, modernes Theater gespielt wird:

Ost:
Volksbühne am Rosa-Luxemburg-Platz
Mitte
Tel: 0049 (0)30 240650
www.volksbuehne-berlin.de

West:
Schaubühne am Lehniner Platz
Kurfürstendamm 153, Wilmersdorf
Tel: 0049 (0)30 890020
www.schaubuehne.de

Wo zeitgenössische Kunstausstellungen gezeigt werden:

Ost:
Deutsche Guggenheim
Unter den Linden 13–15, Mitte
Tel: 0049 (0)30 2020930
www.deutsche-guggenheim-berlin.de
Tgl. 11.00 – 20.00 Uhr,
Donnerstag bis 22.00 Uhr

Hamburger Bahnhof
Invalidenstraße 50–51, Mitte
Tel: 0049 (0)30 39783411
www.hamburgerbahnhof.de
Di – Fr 10.00 – 18.00 Uhr,
Sa 11.00 – 20.00 Uhr, So 11.00 – 18.00 Uhr
(Heute Berlin-Mitte – früher aber Westen)

West:
Neue Nationalgalerie
Potsdamer Str. 50, Tiergarten
www.neue-nationalgalerie.de

Di, Mi, Fr 10.00 – 18.00 Uhr, Do 10.00 – 22.00 Uhr, Sa + So 11.00 – 18.00 Uhr
Martin-Gropius-Bau
Niederkirchnerstraße 7, Kreuzberg
Tel: 0049 (0)30 254860
www.gropiusbau.de
Mittwoch – Montag 10.00 – 20.00 Uhr

Wo es bedeutende alte Schätze und Sammlungen zu sehen gibt:

Ost:
Museumsinsel, ein einzigartiges bauliches und kulturelles Ensemble von Altem Museum mit Lustgarten, Alter Nationalgalerie, Pergamon- und Bodemuseum – Welterbe der UNESCO.
Bodestr. 1–3, Mitte
www.museumsinsel-berlin.de

West:
Sammlung Berggruen mit einer großen Auswahl an Picassos Arbeiten.
Schlossstraße 1, Charlottenburg
Tel: 0049 (0)30 32695815
www.smb.spk-berlin.de
Di – So 10.00 – 18.00 Uhr

Galerie-Rundgang in Mitte

Für Liebhaber zeitgenössischer Kunst ist Berlin das Paradies. Die Stadt liegt mit den bekannten Kunstmessen Berlin Biennale und Art Forum und über 300 Galerien im internationalen Vergleich an der Spitze. Galerie-Hopping bietet sich besonders in der August- und Linienstraße an, wo sich eine Galerie an die andere reiht. Man könnte bei Eigen+Art in der Auguststraße starten, einer der ersten Galerien in Mitte, wo Gerd Harry Lübke, der Vorreiter und Prophet der Kunstwelt, auf kleinem Raum seine Künstler zeigt. Etwas versteckt gelegen ist die Galerie von Esther Schipper mit sehr interessantem Programm und bekannten Namen der internationalen Gegenwartskunst. Hundert Nummern weiter geht es dann zu Kuckei+Kuckei, wo die beiden Brüder mit viel Leidenschaft und Engagement ihre Künstler vertreten. Das Café Bravo mit seinem schönen Hof in den Kunstwerken ist ideal für eine Pause zwischendurch, um dann in die zweite Runde mit der aktuellen Ausstellung dort zu starten. Wer sich einen konzentrierten Überblick über Berlins Kunst- und Galerien-Szene verschaffen will, sollte die Zimmerstraße 88–91 in der Nähe vom Checkpoint Charly ansteuern. In dem ehemaligen Gewerbehof haben mehrere zeitgenössische Galerien wie Arndt + Partner, Barbara Weiss, Volker Diehl, Klosterfelde und Nordenhake ihr Domizil bezogen.

KW

Kunstwerke
Auguststraße 69, Mitte
Dienstag – Sonntag 12.00 – 18.00 Uhr
Tel: 0049 (0)30 2434590
www.kw-berlin.de

Galerien in der Zimmerstraße
Zimmerstraße 88 – 91, Kreuzberg
Dienstag – Samstag 12.00 – 18.00 Uhr

Eigen + Art
Auguststraße 26, Mitte
Tel: 0049 (0)30 2806605
www.eigen-art.com
Dienstag – Samstag 11.00 – 18.00 Uhr

Esther Schipper
Linienstraße 85, Mitte
Tel: 0049 (0)30 28390139
www.estherschipper.com
Dienstag – Samstag 11.00 – 18.00 Uhr

Kuckei + Kuckei
Linienstraße 158 (Hof), Mitte
Tel: 0049 (0)30 8834354
www.kuckei-kuckei.de
Dienstag – Freitag 11.00 – 18.00 Uhr
Samstag 11.00 – 17.00 Uhr

MEIN PERFEKTES WOCHENENDE

Freitag:

Samstag:

Sonntag:

NOTIZEN

NOTIZEN

NOTIZEN

NOTIZEN

NOTIZEN

NOTIZEN

NOTIZEN

GUTSCHEIN FÜR EINE PROBEMITGLIEDSCHAFT

Die Buchreihe „Ein perfektes Wochenende in ..." wird herausgegeben vom Online-Cityguide www.smart-travelling.net. Hier finden Sie viele weitere ungewöhnliche Adressen für über 25 europäische Städte. Tipps für Shops, Galerien, Hotels, Snacks und Restaurants. Smart Travelling zeigt nicht alles und jedes, sondern sucht nach dem Authentischen und Besonderen, nach Orten, die das Flair einer Stadt ausmachen und uns immer wieder empfangen wie ein guter Freund.

Werden Sie bei unserem Online-Cityreiseguide www.smart-travelling.net kostenlos Probemitglied für drei Monate. Klicken Sie auf den ersten Schlüsselbutton (Gutschein einlösen) der Homepage und geben Sie im Schritt 2 das folgende Passwort ein:

BE20071-3x897c

☞ www.smart-travelling.net